交通运输企业安全生产标准化评价实施细则

2018

公路隧道运营企业
安全生产标准化评价实施细则

本书编写组　编
交通运输部安全委员会办公室　审定

人民交通出版社股份有限公司
China Communications Press Co.,Ltd.

内 容 提 要

本书详细介绍了公路隧道运营企业安全生产标准化评价办法，适合公路隧道运营企业安全生产管理人员学习使用，也可供公路隧道运营企业安全生产标准化评审员参考。

图书在版编目(CIP)数据

公路隧道运营企业安全生产标准化评价实施细则 / 《公路隧道运营企业安全生产标准化评价实施细则》编写组编. —北京：人民交通出版社股份有限公司，2019.1

ISBN 978-7-114-15264-1

Ⅰ. ①公… Ⅱ. ①公… Ⅲ. ①公路隧道—交通运输企业—安全生产—标准化管理—中国 Ⅳ. ①F542.6

中国版本图书馆 CIP 数据核字(2018)第 294275 号

Gonglu Suidao Yunying Qiye Anquan Shengchan Biaozhunhua Pingjia Shishi Xize

书　　名：公路隧道运营企业安全生产标准化评价实施细则
著 作 者：本书编写组
责任编辑：刘　博
责任校对：宿秀英
责任印制：张　凯
出版发行：人民交通出版社股份有限公司
地　　址：(100011)北京市朝阳区安定门外外馆斜街 3 号
网　　址：http://www.ccpress.com.cn
销售电话：(010)59757973
总 经 销：人民交通出版社股份有限公司发行部
经　　销：各地新华书店
印　　刷：北京印匠彩色印刷有限公司
开　　本：787 × 1092　1/16
印　　张：13.5
字　　数：219 千
版　　次：2019 年 1 月　第 1 版
印　　次：2019 年 10 月　第 2 次印刷
书　　号：ISBN 978-7-114-15264-1
定　　价：40.00 元

丛书编委会

技术支持

中国船级社

交通运输部水运科学研究院

北京市交通委员会

中交第四公路工程局有限公司

北京中平科学技术院

前　言 QIANYAN

交通运输安全生产是我国安全生产的重要组成部分，与经济社会健康发展和人民群众获得感、幸福感、安全感息息相关。在建设安全便捷、畅通高效、绿色智能现代综合交通运输体系过程中，交通运输行业必须始终牢固树立以人民为中心的发展理念，始终将安全工作放在首位，坚持改革创新，坚持安全发展，进一步增强做好安全工作的责任感、使命感和紧迫感，采取切实有效的工作措施，筑牢安全生产防线，确保交通运输事业发展长治久安。

6 年来，交通运输行业积极推进企业安全生产标准化建设，取得了一系列成效：一是明确界定了企业落实安全生产主体责任的内涵和要求，让大家知道安全生产管什么，怎么管，达到什么要求，推动企业安全生产工作逐步规范，事故水平持续下降，显著提升了行业安全生产水平。二是强化了行业管理部门安全监管工作，丰富了安全监管手段，增强了安全监管工作的针对性，为部门实施安全生产分类指导、分级监管提供重要依据。三是为管理部门监督检查工作提供了相关标准和清单，推动实现精细化、清单化监管。

为进一步加强和推进交通运输行业安全生产标准化建设工作，交通运输部 2016 年 7 月 26 日发布了《交通运输企业安全生产标准化建设评价管理办法》（交安监发〔2016〕133 号），进一步优化完善了企业安全生产标准化建设工作机制；2018 年 5 月 1 日起，相继颁布了《交通运输企业安全生产标准化建设基本规范》一系列行业标准，将原考评指标上升为行业规范，有效提升了标准化建设工作的科学性、专业性和指导性。为做好新标准的实施，我们组织标准起草单位和专家编制了系列标准的实施细则和汽车租赁、巡游出租车、港口罐区和港口理货仓储等领域的安全生产标准化建设试行细则。

本书由李鹏担任主编，姜红、吴冰、周烨担任副主编，董艳春、王姝妍、乔玉祥、姚静涛、安玉林、吴廖杰、赵颖参与编写。

新编制的《公路隧道运营企业安全生产标准化评价实施细则》力求科学严谨、精准精细、便于操作，但由于编写安排进度较紧，难免出现一些错误和问题，希望大家积极批评指正，为交通运输企业安全生产标准化建设基本规范和实施细则的优化、完善贡献力量，持续推进行业安全发展，为交通强国建设保驾护航！

编委会

2018 年 11 月

目　录 MULU

第一章　公路隧道运营企业安全生产标准化评价实施细则

评价类目	评价项目	释　　义	评价方法	标准分值	评价标准	得分
一、目标与考核(30分)	①企业应结合实际制定安全生产目标。安全生产目标应： a.符合或严于相关法律法规的要求； b.形成文件，并得到本企业所有从业人员的贯彻和实施； c.与企业的职业安全健康风险相适应； d.具有可考核性，体现企业持续改进的承诺； e.便于企业员工及相关方获得	目标是指根据组织的使命而提出的组织在一定时期内所要达到的预期成果。安全生产目标，是企业在一定条件下、一定时间内完成安全生产活动所要达到的预期成果。安全生产目标的制定应切合企业实际，要求内容明确、具体、量化，有时限性。 安全生产目标应以文件形式正式发布，使全体员工和相关方获知	**查资料：** 1.安全生产目标； 2.发布安全生产目标的文件； 3.贯彻和实施安全生产目标的相关资料。 **询问：** 抽查企业员工3~5人是否了解本企业安全生产目标。 **现场检查：** 安全目标是否充分公开，便于企业员工及相关方获得	5 ★★	1.应制定符合要求的安全生产目标； 2.安全生产目标应正式发布、贯彻和实施； 3.企业员工应了解安全生产目标； 4.安全目标应充分公开，便于员工及相关方获得	

续上表

评价类目	评价项目	释义	评价方法	标准分值	评价标准	得分
一、目标与考核(30分)	②企业应根据安全生产目标制定可考核的安全生产工作指标,指标应不低于上级下达的目标	安全生产工作指标:指量化的安全生产指标,又称控制指标。对安全目标进行量化,使其更具体化、更有针对性,便于企业对安全目标的实施、考核和统计的开展。企业制定的指标应不低于上级有关部门下达的安全考核指标,并且符合法律法规的要求	**查资料:** 1. 查发布安全生产工作指标的文件,指标应可考核; 2. 查上级单位下达的安全目标	5 AR	1. 未制定可考核的安全生产工作指标,不得分; 2. 制定的指标低于上级单位下达的安全目标,不得分; 3. 制定的指标与企业实际情况不符,每处扣1分	
	③企业应制定实现安全生产目标和工作指标的措施	企业安全生产工作目标明确后,要有一系列的措施来保证安全目标的实现。措施的制定应该具体、责任明确。 措施一般包括:完善安全管理机构,明确安全生产责任,资金保障,建立安全生产制度体系,安全教育与培训,设备设施维护,应急训练与演习等	**查资料:** 查实现安全生产目标和工作指标的措施文件	5	1. 未制定实现安全生产目标和工作指标的措施,扣5分; 2. 制定的措施不具体、不可行或责任不明确,每项扣1分	

续上表

评价类目	评价项目	释义	评价方法	标准分值	评价标准	得分
一、目标与考核（30分）	④企业应制定安全生产年度计划和专项活动方案，并严格执行	按照企业目标和要求，企业要逐年推进安全生产工作的进步，特别是要针对某些突出的安全生产问题和隐患。通过制定年度计划和年度专项活动方案，进一步细化工作，使其更具有针对性和操作性。包括：指导思想、活动主题、组织机构、工作目标、时间节点与具体活动内容等	**查资料：** 1. 查安全生产年度计划和专项活动方案； 2. 查安全生产年度计划、专项活动方案执行记录和总结材料	5	1. 未制定安全生产年度计划，扣3分； 2. 未制定安全生产专项活动方案，扣2分； 3. 执行安全生产年度计划、方案的记录和总结材料不完整，每项扣1分	
	⑤企业应将安全生产工作指标进行细化和分解，制定阶段性的安全生产控制指标，并予以考核	企业要结合实际，按照组织结构及下属单位在安全生产中可能面临的风险大小，将企业年度的安全生产目标转化成阶段性的安全生产控制指标，并逐级细化分解，落实到每个单位、部门、班组和岗位。通过对指标进行考核，以激励全体职工的积极性，从而保证指标的完成	**查资料：** 1. 查细化和分解后的安全生产工作指标，应根据企业实际情况进行细化并分解到各基层单位、部门和岗位； 2. 查企业制定的阶段性安全生产控制指标； 3. 查各项指标的考核记录	5	1. 未细化和分解安全生产工作指标，扣2分； 2. 工作指标细化和分解不合理、不符合企业实际情况或不完善，每处扣1分； 3. 未制定阶段性的安全生产控制指标，扣1分； 4. 未对指标完成情况进行考核或考核不完整不合理的，每项扣1分	

续上表

评价类目	评价项目	释义	评价方法	标准分值	评价标准	得分
一、目标与考核(30分)	⑥企业应建立安全生产目标考核与奖惩的相关制度,并定期对安全生产目标完成情况予以考核与奖惩	考核奖惩是提升安全管理的有效方法之一; 激励约束、奖优罚劣,企业要制定相应的规章制度或管理办法明确考核与奖惩的程序和要求; 制度应当明确考核、奖惩的对象,考核的时限,考核的程序与方法,考核的具体内容,奖惩条件等,并要明确考核的责任部门,保证考核和奖惩工作的实施; 安全生产考核与奖惩要规范、合理、有效实施; 企业要根据安全生产目标考核与奖惩制度的规定,对所有安全生产部门和岗位目标完成情况进行考核,重点考核企业安全生产主要负责人(项目负责人),定期一般分为月度跟踪、季度分析、半年检查和年度考核,并奖惩兑现	**查资料:** 1. 查安全生产目标考核与奖惩管理规定; 2. 查目标考核记录文件; 3. 查奖惩兑现证明材料	5	1. 未制定安全生产目标与奖惩管理规定,扣2分; 2. 制定的安全生产目标与奖惩制度内容不完善,扣1~2分; 3. 未进行考核或奖惩的,扣3分	

续上表

评价类目	评价项目		释　义	评价方法	标准分值	评价标准	得分
二、管理机构和人员(35分)	1.安全生产管理机构	①企业应建立以企业主要负责人为领导的安全生产委员会(或安全生产领导小组),并应职责明确。应建立健全从安全生产委员会(或安全生产领导小组)至基层班组的安全生产管理网络	安全生产委员会(或安全生产领导小组)是企业安全生产管理的最高决策机构。应由企业安全生产第一责任人、分管领导与有关部门人员组成	**查资料:** 1. 公司成立安全生产委员会,下属各分支机构成立安全生产领导小组的文件,安全委员会职责明确; 2. 公司安全生产管理网络图	10 ★★	1. 应成立安全生产委员会(或安全生产领导小组); 2. 应明确安全生产委员会(或安全生产领导小组)职责; 3. 应编制安全生产管理网络图,网络图应全面覆盖基层班组	
		②企业应按规定设置与企业规模相适应的安全生产管理机构	安全生产管理机构是企业内部设置的对安全生产工作进行综合协调和监督的综合管理部门	**查资料:** 1. 设置安全生产管理机构的文件	5 ★★	1. 按规定设置安全生产管理机构; 2. 设置的安全生产管理机构与企业规模相适应	

续上表

评价类目	评价项目		释　义	评价方法	标准分值	评价标准	得分
二、管理机构和人员(35分)	1. 安全生产管理机构		公路隧道运营企业应当设置安全生产管理机构或者配备专职安全生产管理人员。前款规定以外的其他生产经营单位(不要),从业人员超过100人的,应当设置安全生产管理机构或者配备专职安全生产管理人员;从业人员在100人以下的,应当配备专职或者兼职的安全生产管理人员	2. 设置的安全生产管理机构与企业规模相适应; 3. 安全生产管理机构职责、工作制度		3. 应明确安全生产管理机构职责	
		③企业应定期召开安全生产委员会或安全生产领导小组会议。安全生产管理机构或下属分支机构每月至少召开一次安全工作例会	安全生产委员会会议,每季度至少一次,研究解决安全生产中的重大问题,安排阶段性安全生产工作	**查资料:** 1. 安全工作例会制度; 2. 安全生产委员会会议资料,包括会议通知、会议签到表、会议记录、会议纪要等	5 AR	1. 未制定安全例会制度,扣3分; 2. 制度不完善、内容不全面,扣0.5分	

续上表

评价类目	评价项目		释义	评价方法	标准分值	评价标准	得分
二、管理机构和人员(35分)	1.安全生产管理机构		安全工作例会,每月至少一次,主要是落实安全生产委员会会议的决定,总结上一阶段的各项安全生产工作完成情况,传达上级对安全生产的指令、文件精神及安全生产相关措施,对安全工作进行部署、对从业人员进行安全思想教育等。各分支机构和部门汇报安全生产情况和存在的问题	3.安全生产管理机构召开安全工作例会的资料,包括会议通知、会议签到表、会议记录等		3.无安全会议记录、会议纪要、签到表等,每项扣0.5分	
	2.安全管理人员	①企业应按规定配备专(兼)职安全生产和应急管理人员	安全生产管理人员是指生产经营单位中从事安全生产管理工作的专职或兼职人员	**查资料:** 1.任命专兼职安全管理人员和应急管人员的文件; 2.行业对安全生产管理人员和应急管理人员配备要求的文件	10 ★★	1.应配备专兼职安全生产管理人员和应急管理人员; 2.安全生产管理人员和应急管理人员的配备应满足行业要求	

续上表

评价类目	评价项目		释义	评价方法	标准分值	评价标准	得分
二、管理机构和人员(35分)	2. 安全管理人员	②企业的主要负责人和安全生产管理人员应具备与本企业所从事的生产经营活动相适应的安全生产和职业卫生知识与能力,并保持安全生产管理人员的相对稳定	企业的主要负责人和安全生产管理人员必须具备与本企业所从事的生产经营活动相适应的安全生产和职业卫生知识与能力,同时具有领导安全生产管理工作和处理安全生产事故的能力	**查资料:** 1. 企业主要负责人和安全生产管理人员岗位任职能力要求; 2. 安全管理岗位能力评价、培训及考核记录; 3. 安全生产管理人员劳动合同	5	1. 未制定安全岗位任职能力要求,扣3分; 2. 安全管理岗位能力评价、培训、考核,记录不全,每项扣1分; 3. 安全生产管理人员劳动合同期限未满足一年期限以上的,每人扣2分	
三、安全责任体系(40分)	1. 健全责任制	①企业应建立安全生产责任制,明确安全生产委员会(或安全生产领导小组)、安全生产管理机构、各职能部门、生产基层单位的安全生产职责,层层签订安全生产责任书,并落实到位	《中华人民共和国安全生产法》第四条规定:生产经营单位必须遵守本法和其他有关安全生产的法律、法规,加强安全生产管理,建立、健全安全生产责任制和安全生产规章制度,改善安全生产条件,推进安全生产标准化建设,提高安全生产水平,确保安全生产	**查资料:** 1. 企业组织机构、各部门、岗位职责文件; 2. 安全生产委员会任命及职责规定文件; 3. 抽查安全生产管理机构、主要职能部门、基层单位、重要岗位安全生产责任书	10 AR	1. 未制定部门和岗位职责,不得分;缺少一个部门扣3分;缺少一个岗位扣1分	

续上表

评价类目	评价项目		释义	评价方法	标准分值	评价标准	得分
三、安全责任体系(40分)	1.健全责任制		安全生产责任制是企业安全生产的核心,是安全生产管理的源头。安全生产责任制应明确规定企业领导层、管理人员及所有从业人员、各管理部门、各级单位、岗位对安全生产应负的责任、权利和义务。企业的安全生产责任制应覆盖企业的所有方面,通过文件或有关规定发布,层层签订安全生产责任制,明确全体人员的安全生产责任	**询问:** 重要安全生产管理人员、岗位员工至少3人是否清楚各自安全生产职责、责任书签订情况		2. 未签订安全生产责任书,不得分;缺一份,扣1分; 3. 员工不明确自身安全职责,每人次扣1分	
		②企业主要负责人或实际控制人是本企业安全生产第一责任人,对本企业安全生产工作全面负责,负全面组织领导、管理责任和法律责任,并履行安全生产的责任和义务	企业安全生产第一责任人一般为企业总经理或总裁,根据安全生产法相关规定,生产经营单位的主要负责人对本单位的安全生产工作全面负责	**查资料:** 1. 核查企业营业执照、经营资质等材料,确定企业主要负责人或实际控制人; 2. 安全生产责任制文件	5 ★★	1. 主要负责人或实际控制人职责应符合法规要求	

续上表

评价类目	评价项目		释义	评价方法	标准分值	评价标准	得分
三、安全责任体系(40分)	1.健全责任制		生产经营单位的主要负责人对本单位安全生产工作负有下列职责： (一)建立、健全本单位安全生产责任制； (二)组织制定本单位安全生产规章制度和操作规程； (三)保证本单位安全生产投入的有效实施； (四)督促、检查本单位的安全生产工作,及时消除生产安全事故隐患； (五)组织制定并实施本单位的生产安全事故应急救援预案； (六)及时、如实报告生产安全事故； (七)组织制定并实施本单位安全生产教育和培训计划	**询问：** 主要负责人或实际控制人是否明确应承担的安全生产责任		2.主要负责人或实际控制人应熟知其安全责任	

续上表

评价类目	评价项目		释义	评价方法	标准分值	评价标准	得分
三、安全责任体系(40分)	1. 健全责任制	③分管安全生产的企业负责人是安全生产的重要负责人,应协助企业安全生产第一责任人落实各项安全生产法律法规、标准规范,统筹协调和综合管理企业的安全生产工作,对本企业安全生产负重要管理责任	安全生产分管负责人由企业任命或指派,协助主要负责人落实各项安全生产法律法规、标准规范等,统筹协调和综合管理企业的安全生产工作,对企业安全生产工作负综合管理领导责任。可以是企业总经理,分管安全生产的副总经理等	**查资料:** 查安全生产分管负责人的任命或职责分工文件。 **询问:** 1. 安全生产分管负责人应承担的职责;履职情况; 2. 跟踪检查相关履职证据	5	1. 未明确安全生产分管负责人,不得分;相关职责不充分、不明确,扣2分; 2. 安全生产分管负责人不清楚相应职责,不得分;未履行职责,每项扣2分;相关履职证据不充分,每项扣1分	
		④其他负责人及员工实行"一岗双责",对业务范围内的安全生产工作负责	企业实行安全生产"一岗双责",是指不仅要对所在岗位承担的具体业务工作负责,还要对所在岗位相应的安全生产负责	**查资料:** 企业岗位职责文件。 **询问:** 抽查管理、现场操作等岗位人员不少于3人,各自岗位职责	10	1. 未明确岗位分工、职责的,不得分; 2. 一岗双责体现不合理、不充分,每岗扣2分; 3. 人员不熟悉一岗双责,每人次扣2分	

续上表

评价类目	评价项目		释义	评价方法	标准分值	评价标准	得分
三、安全责任体系(40分)	2.责任制考评	企业应根据安全生产责任进行定期考核和奖惩,并公布考评结果和奖惩情况	企业应建立安全责任考核机制,制定安全生产责任考核制度。建立以岗位安全绩效考核为重点,以落实岗位安全责任为主线,以杜绝岗位安全责任事故为目标的全员安全生产责任考核办法。加大安全生产责任在员工绩效工资、晋级、评先评优等考核中的权重,重大责任事项实行“一票否决”。对各级管理部门、管理人员及从业人员安全职责的履行情况和安全生产责任制的实现情况进行定期考核,予以奖惩	**查资料:** 开展安全生产责任制考核、奖惩相关的文件;履职证明材料,奖惩兑现记录、文件等	10 ★★	1.应开展安全责任制考核,考核应合理、全面; 2.履职证明材料; 3.应依据考核结果进行奖惩,并公布考核结果和奖惩情况	

续上表

评价类目	评价项目		释义	评价方法	标准分值	评价标准	得分
四、资质、法律法规与安全生产管理制度(60分)	1. 资质	企业的《企业法人营业执照》资质证书应合法有效,经营范围应符合要求	企业应按照《中华人民共和国公司登记管理条例》管辖规定开展工商登记;各类资质证书中的名称、法人等一致;并处于有效期内;按规定通过年度审验。 企业应在核准的工商登记和资质许可范围开展合法的经营活动	**查资料:** 核查《企业法人营业执照》、资质许可证书等原件。 **现场检查:** 企业实际经营范围	5 ★★	1. 企业应具备合法有效的营业执照、经营许可证、资质证书及法律规定的其他经营许可证书,按规定通过年审; 2. 企业应在获准的经营资质许可范围内开展经营活动	
	2. 法律法规及标准规范	①企业应制定及时识别、获取适用的安全生产法律法规、规范标准及其他要求的管理制度,明确责任部门,建立清单和文本(或电子)档案,并定期发布	企业应及时识别和获取本企业适用的安全生产法律法规、标准规范,并跟踪、掌握有关法律法规、标准规范的修订情况	**查资料:** 1. 企业管理制度文件; 2. 适用的法律法规、标准及其他要求的清单、文本(或电子)档案、台账或数据库等; 3. 定期更新并发布的记录	5	1. 未建立识别和获取适用的安全生产法律法规、标准规范及其他要求的管理制度的,扣2分;未明确责任部门,扣2分;未明确获取渠道或方式等,缺少一项扣1分; 2. 未建立法规清单和文本档案的,扣3分;存在遗漏、不适用、过期、失效等的,每项扣1分; 3. 未及时发布的,扣2分	

续上表

<table>
<tr><th>评价类目</th><th colspan="2">评价项目</th><th>释　义</th><th>评价方法</th><th>标准分值</th><th>评价标准</th><th>得分</th></tr>
<tr><td rowspan="2">四、资质、法律法规与安全生产管理制度（60分）</td><td>2. 法律法规及标准规范</td><td>②企业应及时对从业人员进行适用的安全生产法律法规、标准规范宣贯，并根据法规标准和相关要求及时制修订本企业安全生产管理制度</td><td>企业应将安全生产法律法规、标准规范及相关要求，及时转化为本单位的规章制度，并贯彻到各项工作中</td><td>查资料：
1. 培训或宣贯记录；
2. 企业安全生产管理制度文件及制修订记录</td><td>5</td><td>1. 未开展法律法规培训或宣贯，每项扣1分；
2. 制度未体现适用的法规要求、未及时修订等，每项扣1分</td><td></td></tr>
<tr><td>3. 安全管理制度</td><td>①企业应制定安全生产与职业卫生管理制度</td><td>安全生产管理制度，是企业依据国家有关法律法规、标准，结合安全生产工作实际，以企业名义起草颁发的有关安全生产的规范性文件</td><td>查资料：
企业安全生产与职业卫生管理规章制度文件，至少应包括以下内容：
1. 安全生产责任制；
2. 安全例会制度；
3. 文件和档案管理制度；
4. 安全生产费用提取和使用管理制度</td><td>5</td><td>1. 安全生产与职业卫生管理制度每缺一项，扣2分（其他评价内容中已有的不重复扣分；名称不要求一样，但内容应涵盖）</td><td></td></tr>
</table>

续上表

评价类目	评价项目		释　　义	评价方法	标准分值	评价标准	得分
四、资质、法律法规与安全生产管理制度（60分）	3. 安全管理制度		企业是安全生产的责任主体，建立健全安全管理制度是企业的法定责任，是规范从业人员的生产作业行为，保证生产经营活动安全、顺利进行的重要手段。《中华人民共和国安全生产法》规定：企业应制定健全的安全生产管理制度，规范从业人员的安全行为，并将制度发放到有关的工作岗位	5. 设施、设备、货物安全管理制度； 6. 安全生产培训和教育学习制度； 7. 安全生产监督检查制度； 8. 事故统计报告制度； 9. 安全生产奖惩制度； 10. 法律法规要求建立的制度		2. 管理制度内容不完善，未明确责任部门、职责、工作要求等内容的，每项扣1分； 3. 管理制度的编制、审批和签发记录，未按规定进行的，每项扣1分	
		②企业制定的安全生产管理制度应符合国家现行的法律法规的要求	安全生产管理制度是企业依据国家有关法律法规、标准，结合安全生产工作实际，以企业名义起草颁发的有关安全生产的规范性文件	**查资料：** 企业安全生产管理规章制度与相应法律法规标准规范的符合性	5	规章制度与法规要求不符，每处扣1分	

续上表

评价类目	评价项目		释义	评价方法	标准分值	评价标准	得分
四、资质、法律法规与安全生产管理制度(60分)	3. 安全管理制度	③企业应组织从业人员进行安全生产管理制度的学习和培训	企业应组织从业人员进行安全生产管理制度的学习、培训或宣贯,使其了解相关的制度要求	**查资料:** 查阅管理制度发放、相关的培训、会议、宣贯等记录、资料	5	1. 未开展管理制度培训、学习、交流或宣贯,每缺一项扣1分; 2. 管理制度发放不到位,缺一项扣1分	
	4. 操作规程	①企业应制定各岗位和设备操作规程,操作规程应满足国家和行业相关标准规范的要求	安全操作规程是指在生产活动中,为消除能导致人身伤亡或造成设备、财产损失以及危害环境的因素而制定的具体技术要求和实施程序的统一规定。 企业应根据生产特点,组织制定岗位和设备安全操作规程,发放到相关岗位,保证其有效实施。操作规程中应明确:操作前的检查及准备工作的程序和方法;操作中严禁的行为;	**查资料:** 1. 岗位和设备安全生产操作规程	5 ★★	1. 应制定现场作业岗位和设备操作规程,操作规程应符合相关标准规范要求,并符合企业实际状况	

续上表

评价类目	评价项目		释义	评价方法	标准分值	评价标准	得分
四、资质、法律法规与安全生产管理制度（60分）	4. 操作规程		必需的操作步骤和操作方法；操作注意事项；正确使用劳动防护用品的要求；出现异常情况时的应急措施	2. 抽查安全生产关键岗位和设备安全生产操作规程能否满足相关的国家和行业标准规范； 3. 核查操作规程是否符合企业实际情况		2. 操作规程应包含安全作业相关要求	
		②企业应在新技术、新材料、新工艺、新设备设施投产或投用前，组织编制相应的操作规程，保证其适用性	生产经营单位采用新工艺、新技术、新材料或者使用新设备，必须了解、掌握其安全技术特性，采取有效的安全防护措施，根据实际状况编制相应的操作规程，并保证其适用性	**现场检查结合询问：** 企业新技术、新材料、新工艺、新设备设施投产或使用情况。 **查资料：** 四新相关的操作规程，评价其符合性、适用性	5	1. 未编制或未在“四新”投产投用前编制相应操作规程，每个扣2分； 2. 操作规程存在不符合、不适用的，每处扣1分； 3. 操作规程未包含安全作业相关要求，缺一个扣1分	

续上表

评价类目	评价项目		释义	评价方法	标准分值	评价标准	得分
四、资质、法律法规与安全生产管理制度(60分)	4. 操作规程	③企业应及时将操作规程发放到相关岗位，组织对从业人员进行操作规程的培训	岗位安全操作规程应以纸质版发放到岗位人员，宜将规程的主要内容制成目视化看板、展板等放置在作业现场，并组织岗位安全操作规程的培训教育。新员工、转复岗人员、“四新”作业人员到岗位作业前，进行岗位和设备安全操作规程的培训教育后方可上岗，其他岗位作业人员应定期进行安全操作规程的再教育，以确保每个岗位作业人员熟悉并执行本岗位安全操作规程	**查资料：** 查岗位安全操作规程的发放记录；学习培训记录。 **现场检查：** 现场操作重点岗位是否配备相应的岗位操作规程。 **询问：** 抽查现场作业重点岗位人员3人，是否熟悉本岗位操作规程	5	1. 未及时发放或发放不到位的，每个岗位扣2分； 2. 未开展岗位操作培训学习的，每人次扣1分； 3. 重要岗位操作人员不熟悉岗位操作规程的，每人次扣2分	

续上表

评价类目	评价项目		释　义	评价方法	标准分值	评价标准	得分
四、资质、法律法规与安全生产管理制度(60分)	5. 修订	企业应定期对安全管理制度和操作规程进行评审，并根据评审结论及时进行修订，确保其有效性、适应性和符合性。在发生以下情况时，应及时对相关的管理制度或操作规程进行评审、修订： a. 国家相关法律、法规、规程、标准废止、修订或新颁布； b. 企业归属、体制、规模发生重大变化	任何制度都要经历一个从建立到不断完善的过程，任何制度的内容和形式都需要根据企业经营的变化而不断废止和更新。及时修订企业规章制度有助于规范化管理企业，是企业各项工作正常有效开展的基础，是企业健康有序发展的有力保障，是提高工作效率和作质量，降低业务运作风险的重要管理手段。对制度的有效性、适应性、充分性进行不断的评审与更新，是企业不可忽视的工作	**现场检查结合询问：** 了解是否发生需要修订制度或规程的情况	5	1. 未对管理制度、操作规程定期进行有效性、符合性评审，导致不满足法律法规要求的，每个扣3分	

续上表

评价类目	评价项目		释义	评价方法	标准分值	评价标准	得分
四、资质、法律法规与安全生产管理制度（60分）	5. 修订	c. 生产设施新建、改建、扩建规模、作业环境已发生重大改变； d. 设备设施发生变更； e. 作业工艺、危险有害特性发生变化； f. 政府相关行政部门提出整改意见； g. 安全评价、风险评估、体系认证、分析事故原因、安全检查发现涉及规章制度、操作规程的问题； h. 其他相关事项	为保证企业安全管理制度和操作规程有效性、适应性和符合性，企业应定期对安全管理制度和操作规程进行评审，评价其是否适合企业安全生产生产情况和法律法规要求，若果评价结论认为不能完全满上述要求的，应根据评审结论及时进行修订。一般情况下，有条款列举的6种情况下，应对相关管理制度或操作规程进行评审、修订	**查资料：** 对安全生产管理制度和操作规程进行有效性、适应性、符合性评审和修订的相关记录		2. 未及时开展修订，每个扣1分	

续上表

评价类目	评价项目		释义	评价方法	标准分值	评价标准	得分
四、资质、法律法规与安全生产管理制度(60分)	6.制度执行及档案管理	①企业每年至少一次对安全生产法律法规、标准规范、规章制度、操作规程的执行情况进行检查	企业每年至少一次组织对安全生产法律法规、标准规范、规章制度、操作规程的执行情况进行检查和评审	**查资料:** 1.对适用的安全生产法律、法规、标准、规章制度、操作规程的执行情况进行检查或评价的记录、报告等; 2.对检查评价出的不符合项进行原因分析,制定相应纠正措施并组织实施的记录或证据资料	5	1.未开展法规符合性检查或评价的,不得分;检查内容不齐全不完善的,每项扣1分; 2.对检查或评价出的不符合项未进行原因分析的,每项扣1分; 3.未制定纠正措施,或纠正措施不落实,每项扣1分	
		②企业应建立和完善各类台账和档案,并按要求及时报送有关资料和信息	企业应建立主要安全生产过程、检查的安全记录档案,并加强对安全记录的有效管理	**查资料:** 1.安全生产过程的各类记录、台账和档案等; 2.企业按要求报送的有关信息和资料	5 AR	1.未按照法律法规要求建立台账和档案的,每项扣0.5分; 2.记录台账等保存不完善,每缺一项扣0.5分; 3.未及时报送有关资料和信息,每次扣0.5分	

续上表

评价类目	评价项目		释义	评价方法	标准分值	评价标准	得分
五、安全投入(40分)	1. 资金投入	①企业应按照不低于营业收入的1.5%或隧道管养费用的15%足额提取安全生产费用	根据《中华人民共和国安全生产法》第二十条规定:生产经营单位应当具备安全生产条件所必需的资金投入,由生产经营单位的决策机构、主要负责人或者个人经营的投资人予以保证,并对由于安全生产所必需的资金投入不足导致的后果承担责任。有关生产经营单位应当按照规定提取和使用安全生产费用,专门用于改善安全生产条件。安全生产费用在成本中据实列支。提取标准应符合《企业安全生产费用提取和使用管理办法》	**查资料:** 1. 安全生产费用管理制度和年度提取计划; 2. 安全生产费用台账; 3. 财务安全费用列支记录	10 ★★	1. 应有安全生产费用管理制度,制度中应包含职责、提取比例、使用范围、过程管理、监督检查等内容; 2. 安全生产费用提取比例应满足规定要求; 3. 应制定年度安全生产费用提取计划	

续上表

评价类目	评价项目		释义	评价方法	标准分值	评价标准	得分
五、安全投入(40分)	1.资金投入	②安全生产经费应专款专用,企业应保证安全生产投入的有效实施	《企业安全生产费用提取和使用管理办法》规定:企业提取的安全费用应当专户核算,按规定范围安排使用,不得挤占、挪用。年度结余资金结转下年度使用,当年计提安全费用不足的,超出部分按正常成本费用渠道列支	**查资料:** 1.安全生产费用管理制度; 2.安全生产费用台账; 3.安全生产费用使用原始票据。 **询问:** 安全管理部门和财务管理部门对安全生产费用使用情况	10	1.未明确责任部门或专人负责安全生产费用管理的,扣2分; 2.未按规定范围使用安全生产费用(超范围使用或挪用),每项扣2分	
		③企业应及时投入满足安全生产条件的所需资金	根据《中华人民共和国安全生产法》第二十条规定:生产经营单位应当具备的安全生产条件所必需的资金投入,由生产经营单位的决策机构、主要负责人或者个人经营的投资人予以保证,并对由于安全生产所必需的资金投入不足导致的后果承担责任	**查资料:** 1.安全生产费用使用计划; 2.安全生产费用台账	5 AR	1.未制定安全生产费用使用计划的扣1分; 2.安全生产费用使用计划内容缺失的,每缺一个方面扣0.5分	

续上表

评价类目	评价项目		释　　义	评价方法	标准分值	评价标准	得分
五、安全投入(40分)	1.资金投入		《企业安全生产费用提取和使用管理办法》第二十六条规定:在本办法规定的使用范围内,企业应当将安全费用优先用于满足安全生产监督管理部门、煤矿安全监察机构以及行业主管部门对企业安全生产提出的整改措施或者达到安全生产标准所需的支出。 《企业安全生产费用提取和使用管理办法》第三十二条规定:企业应当加强安全费用管理,编制年度安全费用提取和使用计划,纳入企业财务预算	**询问:** 1. 安全生产费用管理部门对安全生产费用使用情况; 2. 生产管理部门对安全生产费用使用情况。 **现场检查:** 国家法律法规、标准规范要求的安全防护设备设施、劳动防护用品、人员设置、应急等配备及投入情况		3. 未按照法律法规、标准规范要求和监管部门提出的安全措施进行投入的,每项扣0.5分; 4. 安全生产费用使用计划主要负责人未签字的,扣1分	

续上表

评价类目	评价项目		释　义	评价方法	标准分值	评价标准	得分
五、安全投入(40分)	1. 资金投入	④企业宜投保安全生产责任保险或符合法律法规要求的安全保障金	安全生产责任保险是生产经营单位在发生生产安全事故以后对死亡、伤残者履行赔偿责任的保险，对维护社会安定和谐具有重要作用。对于高危行业分布广泛，伤亡事故时有发生的地区，发展安全生产责任保险，用责任保险等经济手段加强和改善安全生产管理，是强化安全事故风险管控的重要措施，有利于增强安全生产意识，防范事故发生，促进地区安全生产形势稳定好转；有利于预防和化解社会矛盾，减轻各级政府在事故发生后的救助负担；有利于维护人民群众根本利益，促进经济健康运行，保持社会稳定。根据《安全生产责任保险实施办法》安监总办〔2017〕140号要求，鼓励企业投保安全生产责任保险	**查资料：** 投保安全生产责任保险保单和财务投入台账	5	1. 企业没有投保安全生产责任保险，扣3分； 2. 没有按要求的安全保障金，扣2分，保障金不足，扣1分	

续上表

评价类目	评价项目		释义	评价方法	标准分值	评价标准	得分
五、安全投入(40分)	2. 费用管理	①企业应建立安全生产费用台账	《企业安全生产费用提取和使用管理办法》第三十六条规定:企业未按本办法提取和使用安全费用的,安全生产监督管理部门、煤矿安全监察机构和行业主管部门会同财政部门责令其限期改正,并依照相关法律法规进行处理、处罚。 为有效地管理安全生产专项经费的使用,保证专款专用,企业应建立安全费用使用台账,一方面便于管理部门的监督管理,另一方面有利于安全生产投入的统计分析,为以后该项费用的提取及管理使用提供参考依据,更有效地改善安全生产条件	**查资料:** 1. 安全生产费用台账; 2. 财务支出证明或相关证明材料	5	1. 未建立安全生产费用台账,不得分; 2. 安全生产费用提取和使用台账、使用凭证不一致的,每项扣1分; 3. 财务系统或报表中未完整体现安全费用提取、使用、结余等归类统计管理的,扣2分	

续上表

评价类目	评价项目		释义	评价方法	标准分值	评价标准	得分
五、安全投入(40分)	2. 费用管理	②企业应跟踪、监督安全生产费用使用情况。企业安全生产费用应按照“企业提取、政府监管、确保需要、规范使用”的原则进行管理,安全生产费用应按照以下范围使用: a. 完善、改造和维护安全防护设备设施支出(不含“三同时”要求初期投入的安全设施),包括交通运输设备设施和装卸工具安全状况检测及维护系统、运输设备设施和装卸工具附属安全设备等支出	《企业安全生产费用提取和使用管理办法》第三十五条规定:各级财政部门、安全生产监督管理部门、煤矿安全监察机构和有关行业主管部门依法对企业安全费用提取、使用和管理进行监督检查。 企业应依据使用范围定期对安全生产费用使用情况进行监督检查,确保专款专用	**查资料:** 安全生产专项费用使用情况的监督检查记录	5	1. 企业未规定定期对安全生产费用使用情况进行监督检查的,扣2分; 2. 企业无安全生产费用监督检查记录的,每缺少1次扣1分	

续上表

评价类目	评价项目		释义	评价方法	标准分值	评价标准	得分
五、安全投入(40分)	2.费用管理	b.配备、维护应急救援器材、设备支出和应急演练支出; c.开展重大危险源和事故隐患评估、监控和整改支出;安全生产检查、评价(不包括新建、改建、扩建项目安全评价)、咨询和标准化建设支出; d.配备和更新现场作业人员安全防护用品支出; e.安全生产宣传、教育、培训支出; f.安全生产适用的新技术、新标准、新工艺、新装备的推广应用支出; g.安全设施及特种设备检测检验支出; h.其他与安全生产直接相关的支出					

续上表

评价类目	评价项目		释　　义	评价方法	标准分值	评价标准	得分
六、设备设施(200分)	1.一般要求	①企业应制定设备设施管理制度,定期进行巡检和维护,保证其安全运行;应设专人负责管理各种安全设施及检测与监测设备,建立台账,定期检查维护	企业制定设备设施安全管理制度,明确专人负责安全设施及检测与监测设备管理;制定隧道设备设施台账; 隧道设备设施日常巡查、清洁维护、检查评定内容及计划,应符合《公路隧道养护技术规范》的相关要求,特别应针对隧道各类设施技术状况评定的方法、项目内容、分类级别以及评定中量化取值、计算等方面的资料检查,从中核实技术状况等级的划定是否正确,应进行了分类重点管理	**查资料:** 1.建立隧道设备设施台账、土建结构日常巡查、清洁、结构检查与技术状况评定、维修和病害处治、机电设施日常巡查、清洁维护、机电检修与评定、专项工程、其他工程设施日常巡查、清洁维护、检查评定、维修等工作计划; 2.设专人负责安全设施及检测与监测设备管理的文件;建立台账并定期检查维护的记录。 大型设备实行"一机一档"管理	15	1.未建立隧道设备设施台账的,扣5分;不符合的,扣3分; 2.未制定土建结构日常巡查、清洁、结构检查与技术状况评定、维修和病害处治、机电设施日常巡查、清洁维护、机电检修与评定、专项工程、其他工程设施日常巡查、清洁维护、检查评定、维修等工作计划的,扣5分;内容不符合现行的《公路隧道养护技术规范》要求的,扣1分/处;未按照计划实施的,扣1分/处; 3.未设专人负责安全设施及检测与监测设备管理的,扣2分;未建立台账并定期检查维护的,扣2分; 4.未对重要设备实行"一机一档"管理的,扣1分/台	

续上表

评价类目	评价项目		释义	评价方法	标准分值	评价标准	得分
六、设备设施(200分)	1. 一般要求	②企业应落实日常检维修和定期检维修管理，对于年度维修计划，应落实“五定”原则，即定检修方案、定检修人员、定安全措施、定检修质量、定检修进度。检维修方案应包含作业风险分析、控制措施及应急处置措施。检维修过程中应执行风险控制措施并进行监督检查，检维修后应进行安全确认	企业应按照“五定”原则做好年度综合检维修计划的编制工作，检维修方案应当包含作业风险分析、控制措施及应急处置措施。检维修过程中应执行风险控制措施并进行监督检查，检维修后进行安全确认。其检维修内容及周期应符合《公路隧道养护技术规范》的相关要求	**查资料：** 1. 按照计划进行维修的；年度维修计划按照“五定”落实； 2. 年度维修方案包含作业风险分析、控制措施及应急处置措施的，维修风险控制措施的，年度维修后进行安全确认	10	1. 未按照计划进行维修的，扣1分/处； 2. 年度维修计划未按照“五定”落实的，扣2分； 3. 年度维修方案未包含作业风险分析、控制措施及应急处置措施的，扣2分； 4. 维修无风险控制措施的，扣1分/处； 5. 年度维修后未进行安全确认的，扣2分	
		③设备的改造、拆除和报废，应符合有关法律法规、标准规范的要求	设备改造应遵循设备改造方案进行，对于改造的设备应进行安全确认，保证其设备的安全性； 设备的拆除应确认其拆除后的安全性，报废应按照设备报废年限和国家颁布的设备淘汰目录严格执行	**查资料：** 设备按照规定进行改造、拆除的，按照规定进行报废	5	1. 设备未按照规定进行改造、拆除的，扣1分/项； 2. 设备未按照规定进行报废的，扣1分/项	

续上表

评价类目	评价项目		释义	评价方法	标准分值	评价标准	得分
六、设备设施（200分）	1.一般要求	④拆除的设备设施涉及危险物品的应合规处置。安全设施不得随意拆除、挪用或弃置不用；确因检维修拆除的，应采取临时安全措施，检维修完毕后立即复原	企业在拆除设备设施涉及危险物品时，应制定了符合法律法规的处置方案和应急措施； 安全设施不得随意拆除、挪用或弃置不用的情况，确因检维修需要拆除的，是否采取了临时安全措施，检维修后是否复原	**查资料和现场查看：** 1.涉及危险物品的设备设施拆除制定危险物品处置方案和应急措施； 2.隧道安全设施不得随意拆除、挪用或弃置不用；因检维修等特殊情况需要拆除的，采取可靠的临时安全措施，工作完毕后立即复原	5	1.涉及危险物品的设备设施拆除未制定危险物品处置方案和应急措施的，扣2分； 2.隧道安全设施不得随意拆除、挪用或弃置不用；因检维修等特殊情况需要拆除的，采取可靠的临时安全措施，工作完毕后立即复原，现场检查不符合的，扣1分/处	
	2.土建结构	①企业应对土建结构进行技术状况评定，评定分类应达到1类或2类，隧道结构、路面、衬砌、洞口、通道等土建设施应满足安全通行的要求；并对隧道安全保护区进行定期巡查，及时制止或报告可能危害隧道土建结构的行为	公路隧道属于地下工程，病害产生原因多样，检查存在病害的结构技术状况需要较为丰富的知识和经验。所以，土建结构技术评定是根据对隧道土建设施包括衬砌、渗漏水、结构、洞门、路面、通道和附属土建设施的各分项所进行的定期检查和应急检查，根据损坏情况对各分项技术状况从定量和定性的角度，考虑破损对行车安全和结构功能的影响程度、	**查资料和现场查看：** 1.根据检查结果每年对隧道土建结构技术情况进行评定，并根据评定结果分析可能对安全产生的影响，具有土建结构安全分析报告	15 AR	1.根据检查结果每年对隧道土建结构技术情况进行评定，并根据评定结果分析可能对安全产生的影响，具有土建结构安全分析报告，无书面报告的，扣5分；内容不全的，扣2分/项	

续上表

评价类目	评价项目		释　义	评价方法	标准分值	评价标准	得分
六、设备设施(200分)	2. 土建结构		破损发展变化形式而制定的分项状况值,状况值分为0、1、2、3、4,依据各分项损坏项目对安全的影响,按照状况值总得分综合评定出隧道土建结构技术状况等级。按此方法隧道土建结构技术状况评定分为1类、2类、3类、4类、5类,每个级别应具有相应的措施和处置要求。通常一般划定为:1类为完好状态;2类为轻微破损;3类为中等破损;4类为严重破损;5类为危险状态。其中1类和2类对交通安全不会有影响。3类、4类、5类影响行人、行车安全。具体的评定方法和应对措施参见《公路隧道养护技术规范》中4.5章的相关规定	2. 隧道土建结构技术状况评定按照现行的规范规定进行评定; 3. 病害处治:根据隧道病害现象特征,依据现行的规范正确选择处治方法,制定处治施工和交通组织方案; 4. 病害处治工程施工完毕后,达到0或1		2. 隧道土建结构技术状况评定未按照现行的《公路隧道养护技术规范》(JT/G H12—2015)规定进行评定的,扣5分;无评定资料的,扣3分;未根据土建结构技术状况评定类别采取相应措施的,扣5分; 3. 病害处治:根据隧道病害现象特征,依据现行的《公路隧道养护技术规范》(JT/G H12—2015)4-10表正确选择处治方法,制定处治施工和交通组织方案,不符合的,扣2分; 4. 病害处治工程施工完毕后,被处治段落各分项状况值未达到0或1的,扣5分	

续上表

评价类目	评价项目		释　义	评价方法	标准分值	评价标准	得分
六、设备设施(200分)	2.土建结构	②隧道(水下)水泵、启动控制系统、排水管道、排水沟、蓄水池等排水设施应具备恶劣天气下客水涌入的排水功能,满足隧道排水的要求,确保路面、设备用房等不积水	公路隧道排水设施是指对隧道内结构渗水、雨天客水、隧道清洗污水、消防灭火污水等积水所配备的综合排水的设备设施。包括水泵、蓄水池、排水(沟)管道及启动控制系统。 隧道综合排水能力的设置应不小于设计总水量的1.2倍。 公路隧道(水下)排水设施应设置由洞内排水和洞口排水组成的综合排水系统,宜"外水外排、清浊分离、分级排放"。洞口为逆坡时应设置横向截水设施,横向截水设施应不影响行车安全。洞口雨水排水泵站、洞口雨水集水池的有效容积不应小于5~10min的雨水设计流量;敞开段接近隧道洞口处应设置2~3段横向截水沟,并和雨水泵房集水池连通,拦截	**查资料和现场查看:** 1.排水能力与设置:隧道总的排水设备配备满足本隧道结构渗水、雨水等水总量不小于1.2倍的排水能力; 2.洞口雨水排水泵站、洞口雨水集水池的有效容积不应小于5~10min的雨水设计流量;敞开段接近隧道洞口处应设置2~3处横向截水沟,并和雨水泵房集水池连通,拦截洞口雨水;敞开式的雨水管渠中应设施沉砂池	10	1.排水能力与设置隧道总的排水设备配备满足本隧道结构渗水、雨水等水总量不小于1.2倍的排水能力,不符合的,扣5分; 2.洞口雨水排水泵站、洞口雨水集水池的有效容积不应小于5~10min的雨水设计流量;敞开段接近隧道洞口处应设置2~3处横向截水沟,并和雨水泵房集水池连通,拦截洞口雨水;敞开式的雨水管渠中应设施沉砂池,不满足的,扣1分/处	

续上表

<table>
<tr><th>评价类目</th><th colspan="2">评价项目</th><th>释　义</th><th>评价方法</th><th>标准分值</th><th>评价标准</th><th>得分</th></tr>
<tr><td rowspan="2">六、设备设施(200分)</td><td>2.土建结构</td><td></td><td>洞口雨水;敞开式的雨水管渠中应设置沉砂(井)池。
隧道运营期间的雨水、结构渗水及污水应结合相应要求合规处置</td><td>3.排水泵保持完好,备用泵不得少于一台;同一泵站内排水泵应为自灌式,并自动控制;
4.隧道运营期的污水和雨水通过格栅过滤的;排水设施缺损、堵塞、积水、结冰的</td><td></td><td>3.排水泵保持完好,备用泵不得少于一台;同一泵站内排水泵应为自灌式,并自动控制,不符合的,扣1分/处;
4.隧道运营期的污水和雨水未通过格栅过滤的,扣2分;排水设施缺损、堵塞、积水、结冰的,扣1分/处</td><td></td></tr>
<tr><td>3.机电设备</td><td>①隧道射流风机、轴流风机、离心风机及其配套的风塔、风机房等通风设施的风速、推力、功率、噪声及防护等主要性能指标应符合通风分项技术养护评定标准,满足隧道内通风换气和火灾状态下排烟的要求</td><td>隧道通风设施包括通风设备设施包括射流风机、轴流风机、离心风机及其配套的风道、风塔、风机房等。长度大于1000m的高速公路和一级公路隧道,长度大于2000m的二、三、四级公路隧道应设置机械排烟系统。隧道火灾排烟系统应与日常运营通风系统合用,每个排烟分区的长度不大于1000m。射流风机应具消声装置;电动机防护等级不应低于</td><td>查资料:
1.通风设施配置:
隧道长度大于1000m的高速公路和一级公路隧道,长度大于2000m的二、三、四级公路隧道应设置机械排烟系统</td><td>10
★★</td><td>1.通风设施配置:
隧道长度大于1000m的高速公路和一级公路隧道,长度大于2000m的二、三、四级公路隧道应设置机械排烟系统,未设置的,扣5分</td><td></td></tr>
</table>

续上表

评价类目	评价项目		释　义	评价方法	标准分值	评价标准	得分
六、设备设施(200分)	3.机电设备		IP55,绝缘等级不应低于F级。火灾排烟轴流风机的电动机防护等级不应低于IP55,绝缘等级不应低于F级。隧道排烟风机在火灾条件下连续正常运行时间不应小于60min。 企业应根据隧道长度、通风方式以及隧道交通工程与附属设施分级综合确定检测仪器配置的数量和安装的位置,实时满足环境检测的需要。 采取机械通风的隧道风机均应具备手动(远程)控制功能。自动控制须采用下列三种控制方法之一或组合: 1.检测隧道内的能见度、NO_2浓度、CO浓度和风速风向,控制风机运转	射流风机应具消声装置;射流、排烟轴流风机的电动机防护等级不应低于IP55,绝缘等级不应低于F级; 2.通风环境检测设施配置:根据实际确定检测仪器配置的数量和安装的位置,满足实时环境检测的需要;通风区域控制单元具有控制风机运转、运转状态检测、记录、故障自诊断功能; 3.通风设备完好率		射流风机应具消声装置;射流、排烟轴流风机的电动机防护等级不应低于IP55,绝缘等级不应低于F级,不符合的,扣1分/项; 2.通风环境检测设施配置:根据实际确定检测仪器配置的数量和安装的位置,满足实时环境检测的需要,不符合的,扣2分;通风区域控制单元具有控制风机运转、运转状态检测、记录、故障自诊断功能,不符合的,扣2分	

续上表

评价类目	评价项目		释义	评价方法	标准分值	评价标准	得分
六、设备设施(200分)	3. 机电设备		2. 根据检测的交通量数据。实时了解隧道内交通量、行车速度、车辆构成等,通过交通流量状况分析并计算出车辆排放量,控制风机运转; 3. 按时间区间预先编制程序控制风机运转。 通风区域控制单元应具有环境数据检测处理、控制风机运转、运转状态检测、记录、故障自诊断功能。 根据检维修资料,对轴流风机及离心风机、射流风机等设备完好情况,进行设备完好率的考评			3. 通风设备完好率:91% ≤ 设备完好率 < 98%,扣1分;82% ≤设备完好率<91%,扣2分;设备完好率<82%,扣3分	

续上表

评价类目	评价项目		释义	评价方法	标准分值	评价标准	得分
六、设备设施(200分)	3.机电设备	②隧道区域的灯具、洞外路灯、照明线路、照明控制柜等照明设施应满足隧道各段行车照明的要求	隧道照明是隧道运营安全的重要组成部分,直接影响隧道运营功能。应按照《公路隧道设计规范　第二册　交通工程与附属设施》的要求,在长度大于200m以上的高速、一级公路隧道、超过1000m的二级公路隧道应设置照明。其基本照明亮度符合《公路隧道照明设计细则》的相关规定。 隧道入口段、过渡段、出口段应设置加强照明以解决白昼洞外亮度反差适应性,消除黑(白)效应。 照明控制应具备自动调节功能,通过检测洞内外亮度值,控制照明工况。照明控制应具备自动控制为主、远程和手动控制为辅的控制方式	**查资料:** 1.照明设置:长度大于200m以上的高速、一级公路隧道、超过1000m的二级公路隧道均应设置照明,中间段照明亮度应符合现行设计要求;隧道入口段、过渡段、出口段加强照明的设置,应保障解决白昼洞外亮度反差适应性的措施,应具备根据洞外光线情况调节洞内亮度的功能,消除黑(白)效应	10	1.照明设置:长度大于200m以上的高速、一级公路隧道、超过1000m的二级公路隧道均应设置照明,中间段照明亮度应符合现行《公路隧道照明设计细则》(JTGT D702-01—2014)要求,不符合的,扣2分;隧道入口段、过渡段、出口段加强照明的设置,应保障解决白昼洞外亮度反差适应性的措施,应具备根据洞外光线情况调节洞内亮度的功能,消除黑(白)效应,不符合的,扣1分/处	

续上表

评价类目	评价项目		释义	评价方法	标准分值	评价标准	得分
六、设备设施(200分)	3. 机电设备		照明设施应根据检维修资料，通过考核隧道灯具、洞外路灯、照明线路等设备完好情况，进行考评	2. 照明控制：能够检测洞内外亮度值，经计算处理后，控制照明工况；照明控制应具备远程控制功能，采用自动控制为主、手动控制为辅的控制方式； 3. 其他照明设置：紧急停车带照明宜采用显色指数高的光源其显色性与主洞应明显不同；人、车横通道应设置基本照明，满足人员、车辆疏散的环境条件； 4. 照明设施完好率		2. 照明控制：能够检测洞内外亮度值，经计算处理后，控制照明工况，不符合扣1分；照明控制应具备远程控制功能，采用自动控制为主、手动控制为辅的控制方式，不符合的，扣1分； 3. 其他照明设置：紧急停车带照明宜采用显色指数高的光源其显色性与主洞应明显不同，不符合的扣1分；人、车横通道应设置基本照明，满足人员、车辆疏散的环境条件，不符合的，扣1分； 4. 照明设施完好率：86% ≤ 设备完好率 < 98%，扣1分；74% ≤设备完好率<86%，扣2分；设备完好率<74%，扣3分；现场查看连续3盏不亮，扣1分/处	

续上表

评价类目	评价项目		释　义	评价方法	标准分值	评价标准	得分
六、设备设施(200分)	3. 机电设备	③隧道中央控制室、亮度检测器、能见度检测器、CO检测器、风速风向检测器、车辆检测器、闭路电视监控系统、紧急电话及广播、车道控制标志、信息处理设施以及监控软件等监控与通信设施和软件具备监视隧道运营状态、设备运转情况及控制相关设备运转的功能，满足隧道内交通监控、统一调度指挥的安全要求	监控与通信设施包括：亮度检测器、能见度检测器、CO检测器、风速风向检测器、车辆检测器、闭路电视监控系统、紧急电话及广播、交通控制及诱导设施及中央控制室控制系统。 亮度检测器洞外应设置在距洞口一个停车视距、高度为2.5m位置处。洞内应设置在离洞门一倍隧道净高的侧壁上、高度为2.5m。还需满足洞内外长期工作条件，其各项指标应满足《公路隧道设计规范　第二册　交通工程与附属设施》(JTG D70/2—2014)的要求	**查资料和现场查看：** 1. 车辆检测器、视频事件检测器、摄像设备、视频监控设备的设置和性能符合现行规范的相关规定； 2. 交通信号灯、车道指示器、可变信息标志、可变限速标志的设置和性能符合现行规范的相关规定； 3. 设置间距不大于200m的紧急电话设施，并保持完好	10 ★★	1. 车辆检测器、视频事件检测器、摄像设备、视频监控设备的设置和性能符合现行《公路隧道设计规范　第二册　交通工程与附属设施》(JTG D70/2—2014)的相关规定，不符合的，扣1分/处； 2. 交通信号灯、车道指示器、可变信息标志、可变限速标志的设置和性能符合现行《公路隧道设计规范　第二册　交通工程与附属设施》(JTG D70/2—2014)的相关规定，不符合的，扣1分/处； 3. 设置间距不大于200m的紧急电话设施，并保持完好，未设置或不完好的，扣3分	

续上表

评价类目	评价项目		释义	评价方法	标准分值	评价标准	得分
六、设备设施(200分)	3.机电设备		能见度检测器、CO检测器、风速风向检测器应满足如下要求：能见度、CO检测器应设置在隧道侧壁；采用全射流方式时，通风环境检测设施应设置在两组风机的纵向中间位置；风速风向检测器的设置位置离洞口的距离不应小于隧道断面当量直径的10倍。其各检测器指标应满足《公路隧道设计规范　第二册　交通工程与附属设施》(JTG D70/2—2014)的要求。 交通监测设施应具备监测隧道内交通信息，车辆运行状况，监视隧道交通运营状态的功能。包括车辆检测器、闭路电视监控系统(包含视频事件检测器、摄像机和视频监视控制设备)。具体功能如下：	4.隧道内有线广播设施应满足正常信息公告和紧急情况下的应急广播并保持完好； 5.中央控制室系统的设置和性能应满足隧道运营需要，系统软件原始数据保存时间不应少于1年，统计数据保存时间不应少于1年，视频数据保存时间不应少于30天		4.隧道内有线广播设施应满足正常信息公告和紧急情况下的应急广播并保持完好，未设置或不完好的，扣3分； 5.中央控制室系统的设置和性能应满足隧道运营需要，系统软件原始数据保存时间不应少于1年，统计数据保存时间不应少于1年，视频数据保存时间不应少于30天，不符合的，扣1分/处； 6.电缆桥架的设置应符合规范要求，不符合的，扣1分/处；电缆桥架、支架、线槽及其他安装部位应牢固、可靠，不符合的，扣1分/处	

续上表

评价类目	评价项目		释义	评价方法	标准分值	评价标准	得分
六、设备设施(200分)	3.机电设备		车辆检测器应满足如下要求:隧道入口前设置车辆检测器时,应设置在联络通道前200~300m处;无联络通道时,应设置在隧道入口前200~300m处;在隧道出口后设置车辆检测器时,应设置在出口后200~300m处。车辆检测器应具有如下功能:车辆检测器应能检测每一车道的交通量和速度等基本交通参数;能检测出行车方向;能检测出二轮摩托车及以上的所有类型的机动车,拖挂车检测为一辆车。 视频事件检测器应设置在洞口、紧急停车带、横通道等区域,并能检测下列事件:停车、交通堵塞、车辆行驶速度低于允许最低行驶速度、行人、车辆逆行、火灾、车辆掉物、车辆抛物	6.电缆桥架的设置应符合规范要求;电缆桥架、支架、线槽以及其他安装部位应牢固、可靠; 7.监控与通信设备完好率		7.监控与通信设备完好率:91%≤设备完好率<98%,扣1分;81%≤设备完好率<91%,扣2分;设备完好率<81%,扣3分	

续上表

评价类目	评价项目		释义	评价方法	标准分值	评价标准	得分
六、设备设施(200分)	3.机电设备		摄像机应设置于隧道内、隧道外籍隧道附属管理建筑处、隧道内紧急停车带、车行横通道、人行横通道。隧道外摄像机应设在距隧道口100~400m处,应能清楚地监视洞口区域的全貌和交通状况。隧道内摄像机直线段设置间距不应大于150m,曲线段设置可根据实际情况适当减小,应能全程连续监视隧道内车辆通行情况和报警救援设施使用情况。应满足下列要求:隧道外摄像机应为配有光圈自动调节、变焦镜头、云台、全天候防护罩的低照度CCD彩色遥控摄像机。未设置隧道外引导照明的隧道,隧道外摄像机宜配置夜间补偿辅助光源。隧道内摄像机应为配有自动光圈、定焦距和防护罩				

续上表

评价类目	评价项目		释义	评价方法	标准分值	评价标准	得分
六、设备设施(200分)	3.机电设备		的低照度CCD彩色遥控摄像机。未设置隧道外引导照明的隧道,隧道外摄像机宜配置夜间补偿辅助光源。隧道内摄像机应为配有自动光圈、定焦距和防护罩的低照度摄像机,应具有彩色、黑白、昼、夜自动转换功能。设置于隧道洞口变电所、洞内变电所、地下风机房的摄像机应具有目标移动报警功能。隧道内紧急停车带、车行横通道、人行横通道处摄像机宜有遥控功能。 视频监控控制设备应设置在中央控制室内。视频监视控制设备符合下列规定:监视器分辨率应高于摄像机;录像设备应具有手动或自动控制功能,可进行长延时录像;应具有计算机接口,并能接受中央管理				

续上表

评价类目	评价项目		释　　义	评价方法	标准分值	评价标准	得分
六、设备设施(200分)	3. 机电设备		计算机的控制；应具有对视频信号进行多路分配的功能；应能对现场视频信息进行一对一或一对多方式显示；应能对多路视频信号进行选择显示；应能根据隧道监控系统接收或监测到的紧急电话、火灾报警和交通异常信号等，自动对显示方式进行切换或将报警区域的相关视频信号优先切换至监视器。 交通控制及诱导设施应具备收集和处理交通信息，并传送给中央控制室计算机，同时接受中央控制室计算机传来的有关信息或指令，进行控制与诱导的功能。包括交通信号灯、车道指示器、可变信息标志和可变限速标志。具体要求如下：				

续上表

评价类目	评价项目		释义	评价方法	标准分值	评价标准	得分
六、设备设施（200分）	3. 机电设备		交通信号灯应由红、黄、绿和左转箭头组成；交通信号灯影显示清晰，有效显示直径不应小于300mm，动态视认距离不应小于200m。 车道指示器应设置在隧道内各车行道中心线的上方，由红叉、绿箭两色灯组成，具有双面显示功能。隧道内直线段设置间距不应大于500m，曲线段根据具体情况可缩短设置间距。 可变信息标志应能根据管理要求改变显示内容，包括：气象及路面状况，交通运行情报，交通指示、警告和诱导信息等。 可变限速标志可在特长、长隧道内设置，也可由洞内可变信息标志显示相应限速值代替。				

续上表

评价类目	评价项目		释义	评价方法	标准分值	评价标准	得分
六、设备设施(200分)	3. 机电设备		可变信息标志和可变限速标志的版面亮度应能根据环境照度自动调节,应无眩光现象,动态视认距离不应小于200m。应具有故障自检功能。 紧急电话设施应设置在中央控制室。隧道内紧急电话分机设置间距不大于200m。紧急电话分机宜设置于隧道入口、隧道出口、隧道内紧急停车带、人行横通道处。隧道内自入口起200m范围内不应设置紧急电话分机。 隧道内紧急电话分机应设置在可容人的预留洞室,预留洞室宜配隔声门并设置照明;紧急停车带处的紧急电话分机可设置在电话亭内				

续上表

评价类目	评价项目		释　义	评价方法	标准分值	评价标准	得分
六、设备设施(200分)	3.机电设备		隧道内有线广播设施应设置在中央控制室,与中央控制室计算机相连接。扬声器应设置在隧道入口、隧道出口处及人行横通道、车行横通道处,可在隧道内每隔50m设置。 当采用无线广播方式时,应在隧道进口前设置醒目标志告知隧道无线广播频率。 中央控制室控制系统包括:中央控制室设施(交通监控计算机、通风及照明控制计算机、紧急呼叫计算机、火灾报警及消防控制计算机、电力监控计算机、视频事件检测计算机、图形计算机、管理计算机、信息显示设备、中央控制室计算机和计算机外设及网络设备、中央控制室设施的布设)和中央控制室管理软件。具体功能如下:				

续上表

评价类目	评价项目		释义	评价方法	标准分值	评价标准	得分
六、设备设施(200分)	3.机电设备		中央控制室系统的设置和性能应与初始设计要保持一致,综合控制台正面与墙的净距不应小于1.2m,侧面与墙或其他设备的净距在主要通道不应小于1.5m,在次要通道不应小于0.8m。监视器或监视器墙的观看距离不应小于3m,监视器背面和侧面与墙的净距不应小于1m。 线缆及相关设施包括:电缆桥架、支架、线槽、线缆管道、线缆选型及敷设、预留洞室。应符合《公路隧道设计规范》(第二册 交通工程与附属设施)(JTG D70/2—2014)中的要求,电缆桥架、支架、线槽及其他相关设施安装应牢固、可靠				

续上表

评价类目	评价项目		释　　义	评价方法	标准分值	评价标准	得分
六、设备设施（200分）	3.机电设备		监控与通信设施应根据检维修资料，对亮度检测器、能见度检测器、CO检测器、风速风向检测器、车辆检测器、摄像机、编解码器、视频矩阵、监视器、硬盘录像机、视频交通事件检测器、本地控制器、横通道控制箱、光端机、路由器、交换机、大屏幕投影系统、地图板、有线广播、紧急电话、横通道门、可变信息标志、可变限速标志、车道指示器、交通信号灯、监控室设备、光缆、电缆等设备完好情况，进行设备完好率考评				

续上表

评价类目	评价项目		释义	评价方法	标准分值	评价标准	得分
六、设备设施(200分)	3. 机电设备	④隧道火灾报警设施、灭火设施、电光标志、横通道防火卷帘、疏散通道以及隧道内重要部位的自动灭火系统等消防设施应满足预防隧道火灾和紧急情况下疏散和必要救援的要求	消防设备设施包括:火灾报警设施、灭火设施、电光标志、横通道防火卷帘、疏散通道以及隧道内重要部位的自动灭火系统等。 点型火焰探测器、图像型火灾探测器的探测区域的长度不应大于报警区域长度;线型感温火灾探测区域长度应按探测器保护区的长度确定。 单洞车行道为四车道时,探测器应双侧交错设置,点型火焰探测器应设置在隧道侧壁。线型感温火灾探测器应设置在车道顶部。 隧道内手动报警按钮设置间距不应大于50m,按钮距检修道高度差应为1.3~1.5m	**查资料和现场查看:** 1. 火灾探测报警设施的设置和性能应满足规范要求; 2. 隧道内火灾探测报警设备防护等级不应低于IP65; 3. 公路隧道内灭火器灭火剂充装量不应小于5kg且不应大于8kg;单洞双车道公路隧道应在隧道一侧设置灭火器,单洞四车道公路隧道应在隧道两侧设置灭火器;灭火器单侧设置间距不应大于50m		1. 火灾探测报警设施的设置和性能应满足规范要求,未设置或性能不符合的,扣1分; 2. 隧道内火灾探测报警设备防护等级不应低于IP65,不符合的,扣1分; 3. 公路隧道内灭火器灭火剂充装量不应小于5kg且不应大于8kg;单洞双车道公路隧道应在隧道一侧设置灭火器,单洞四车道公路隧道应在隧道两侧设置灭火器;灭火器单侧设置间距不应大于50m;不符合的,扣1分/处;	

续上表

评价类目	评价项目		释　义	评价方法	标准分值	评价标准	得分
六、设备设施(200分)	3. 机电设备		室内的火灾报警控制器应设置在管理人员易于操作、视认方便的位置;安装在墙上时,控制器与门轴的距离不应小于1m,正面操作空间宽度不应小于1.2m。落地式安装的火灾报警控制器,正面操作空间宽度不应小于1.2m,设备侧面及后面的维修空间宽度均不应小于1m。设置在隧道内的火灾报警控制器应设有可靠的保护措施和明显标志。火灾报警控制器每一总线回路连接设备的地址码总数宜留有一定的余量,且不宜超过200点。 未设置有线广播的隧道应设置火灾声光警报器。火灾声光警报器应设置于隧道中央控制室、隧道入口前方100～150m处、隧道内各报警器区域。环	4. 消火栓、固定式水成膜泡沫灭火装置的设置和规格应与初始设计要求应保持一致的; 5. 隧道消防用水采用地表水时,应有保证枯水期时消防用水的措施;供给隧道消防用水的消防给水泵、消防水池应保持完好状态; 6. 寒冷地区的消防给水管道及消防水池应采取防冻保温措施;沿海地区公路隧道消防给水管道应具有防盐雾腐蚀措施		4. 消火栓、固定式水成膜泡沫灭火装置的设置和规格应与初始设计要求未保持一致的,扣5分; 5. 隧道消防用水采用地表水时,应有保证枯水期时消防用水的措施;供给隧道消防用水的消防给水泵、消防水池应保持完好状态;不符合的,扣1分/处; 6. 寒冷地区的消防给水管道及消防水池应采取防冻保温措施;沿海地区公路隧道消防给水管道应具有防盐雾腐蚀措施;不符合的,扣2分/处	

续上表

评价类目	评价项目		释义	评价方法	标准分值	评价标准	得分
六、设备设施(200分)	3.机电设备		境噪声大于60dB的场所设置火灾声光警报器时,其声光警报器的声压级应比背景噪声至少高15dB,其他技术指标应符合现行《火灾声和/或光警报器》(GB 26851—2011)的规定。 隧道内火灾探测报警设备防护等级不应低于IP65。火灾探测报警系统应有交流电源和蓄电池备用电源。火灾探测报警系统主电源不应设置剩余电流动作保护和过负荷保护装置。火灾探测报警系统的隧道现场信息传输网络应采用独立传输网络。 消防设施与通道包括:灭火器、消火栓、固定式水成膜泡沫灭火装置、隧道消防给水设施及其他设施和用于疏散人员、车辆的人行通道、车行通道、平行通道、直接通向地面的竖向通道、地下洞室的进出口通道	7.设有消防给水设施的隧道,在洞口附近应设置室外消火栓和消防水泵接合器。 8.双洞分离的公路隧道,双洞之间应设置人行横通道、车行横通道;人行横通道的两端应设防火门;车行横通道应设防火卷帘; 9.隧道内的地下通风房、变配电所及其他管理用房等地下建筑与隧道之间至少有两个进出口通道; 10.消防逃生通道的设置、形式是否符合相关规范要求; 11.消防设施完好率		7.设有消防给水设施的隧道,在洞口附近应设置室外消火栓和消防水泵接合器,不符合的,扣1分/处。 8.双洞分离的公路隧道,双洞之间应设置人行横通道、车行横通道;人行横通道的两端应设防火门;车行横通道应设防火卷帘,不符合的,扣1分/处; 9.隧道内的地下通风房、变配电所及其他管理用房等地下建筑与隧道之间至少有两个进出口通道,不符合的,扣1分/处; 10.消防逃生通道的设置、形式不符合相关规范要求的,扣1分	

续上表

评价类目	评价项目		释义	评价方法	标准分值	评价标准	得分
六、设备设施(200分)	3. 机电设备		灭火器的灭火剂充装量不应小于5kg且不应大于8kg;单洞双车道公路隧道应在隧道一侧设置灭火器,单洞四车道公路隧道应在隧道两侧设置灭火器;灭火器单侧设置间距不应大于50m;灭火器应成组设置在灭火器箱内,箱门上应设有明显的标识。 消火栓应成组安装在消防箱内。单洞双车道公路隧道消火栓间距不应大于50m,单洞三车道、四车道公路隧道消火栓间距不应大于40m。 消火栓应采用统一型号规格,消火栓栓口直径应为65mm,水枪喷嘴口径不应小于19mm,水带长度不应超过30m。消火栓的水枪充实水柱长度不应小于10m。消火栓栓口处的出水压力大于0.5MPa时,应设置减压设施			11. 消防设施完好率:95% ≤ 设备完好率 < 100%,扣1分;89% ≤设备完好率<95%,扣2分;设备完好率 < 89%,扣3分	

续上表

评价类目	评价项目		释义	评价方法	标准分值	评价标准	得分
六、设备设施（200分）	3.机电设备		固定式水成膜泡沫灭火装置中的消防卷盘应选用长25m，口径19mm的胶管；泡沫枪应为带开关的吸气型泡沫枪。固定式水成膜泡沫灭火装置的泡沫混合液流量不应小于30L/min，连续供给时间不应小于20min，射程不应小于6m。固定式水成膜泡沫灭火装置阀门应由明显启闭标志。 双洞隧道的消防给水应采用环状供水管网。隧道内消防给水管道应设检修阀。当管径大于或等于100mm时，应设置管道伸缩器及自动排气阀等管道附属设施。消防给水管道穿越路面时，应有保护措施。在隧道管理用房内应设置消防器材储藏间，并应配置配备灭火器材				

续上表

评价类目	评价项目		释义	评价方法	标准分值	评价标准	得分
六、设备设施(200分)	3. 机电设备		隧道消防给水设施,可采用市政自来水、地下水或地表水。当采用地表水时,应有保证枯水期时消防用水的措施;供给隧道消防用水的消防给水泵、消防水池应设有遥测装置,并保持完好状态;寒冷地区的消防给水管道及消防水池应采取防冻保温措施;沿海地区公路隧道消防给水管道应具有防盐雾腐蚀措施;设有消防给水设施的隧道,在洞口附近应设置室外消火栓和消防水泵接合器;地下机房内应设置室内消防设施。 防火门正常情况应关闭,开启方向应为疏散方向,应能在门两侧开启,且应具有自动关闭功能。防火门各项性能除应				

续上表

评价类目	评价项目		释义	评价方法	标准分值	评价标准	得分
六、设备设施(200分)	3.机电设备		符合现行《防火门》(GB 12955—2015)的规定外,尚应采用钢质A类隔热防火门;隧道长度小于3000m时,防火门耐火隔热性、耐火完整性不应小于2.0h;隧道长度不小于3000m时,耐火隔热性、耐火完整性不应小于3.0h。 防火卷帘应采用钢质防火、防烟卷帘,其各项性能除应符合现行《防火卷帘》(GB 14102—2005)的规定外,卷帘材料及零部件应环保、耐腐蚀;隧道长度小于3000m时,耐火极限不应小于2.0h;隧道长度不小于3000h时,耐火极限不应小于3.0h				

续上表

评价类目	评价项目		释义	评价方法	标准分值	评价标准	得分
六、设备设施(200分)	3.机电设备		双洞分离的公路隧道,双洞之间应设置人行横通道、车行横通道。通道应有良好的防排水、防滑措施。人行横通道的两端应设防火门。车行横通道应设防火卷帘,防火卷帘应具备现场和远程控制开闭功能。隧道内设置的地下通风房、变配电所及其他管理用房等地下建筑与隧道之间应有至少两个进出口通道。进出口通道净空尺寸不应低于人行横通道或车行横通道尺寸要求,并应满足设备运送要求。消防逃生通道的设置、形式应符合相关规范要求。 消防设备设施应根据检维修资料,对双/火灾报警设施、灭火设施、电光标志、横通道防火卷帘、疏散通道以及隧道内重要部位的自动灭火系统,进行设备完好率考评				

续上表

评价类目	评价项目		释义	评价方法	标准分值	评价标准	得分
六、设备设施(200分)	3. 机电设备	⑤隧道供电电力负荷、电压、变压器等应满足正常和紧急情况下的供电需求;电动机、水泵和开关箱等用电设备以及配电箱、柜的防护等级满足防火防爆、防尘、防腐蚀的要求	供配电系统是隧道的重要组成部分,包含供电设施和配电设施。因此系统的构成必须要求简单明确,电能损失小,便于管理和维护。 公路隧道供电应符合以下规定: 1. 隧道一级负荷应由双电源供电。 2. 对于隧道一级负荷中特别重要负荷,应设置不间断电源装置(UPS)或应急电源装置(EPS)作为应急电源,并不得将其他负荷接入应急电源。 3. 除一级负荷中的特别重要负荷外,不应按一个电源系统检修或发生故障的同时,另一电源也发生故障进行设计	**查资料和现场查看:** 1. 隧道一级负荷由双电源供电,隧道一级负荷中特别重要负荷,设置不间断电源装置(UPS)或应急电源装置(EPS)作为应急电源,将其他负荷接入应急供电系统; 2. 隧道一级负荷是否包括应急照明设施、电光标志、交通监控设施、通风及照明控制设施、紧急呼叫设施、火灾检测与报警设施、中央控制设施、消防水泵、排烟风机等,其中前7项应为特别重要负荷;二级负荷是否包括非应急的照明设施、通风风机、消防补水水泵等	10 AR	1. 隧道一级负荷应由双电源供电,不符合的,扣5分; 2. 隧道一级负荷中特别重要负荷,应设置不间断电源装置(UPS)或应急电源装置(EPS)作为应急电源,并不得将其他负荷接入应急供电系统,不符合,扣1分/处; 3. 隧道一级负荷应包括应急照明设施、电光标志、交通监控设施、通风及照明控制设施、紧急呼叫设施、火灾检测与报警设施、中央控制设施、消防水泵、排烟风机等,其中前7项应为特别重要负荷;二级负荷应包括非应急的照明设施、通风风机、消防补水水泵等,不符合的,扣1分/处	

续上表

评价类目	评价项目		释义	评价方法	标准分值	评价标准	得分
六、设备设施（200分）	3. 机电设备		4. 隧道一级负荷应包括应急照明设施、电光标志、交通监控设施、通风及照明控制设施、紧急呼叫设施、火灾检测与报警设施、中央控制设施、消防水泵、排烟风机等，其中前7项为特别重要负荷；二级负荷应包括非应急的照明设施、通风风机、消防补水水泵等。其他负荷为三级负荷。 隧道的电压选择应满足高压10kV低压0.4kV两级变压比，使用正确的电压分接头。 柴油发电机房应设置移动式或固定式灭火设施。应按照规定对供配电设备设施张贴或悬挂标识标牌。柴油发电机组应符合： 1. 柴油发电机组应装设快速自起动装置和电源自动切换装置，起动时间不应大于30s； 2. 柴油发电机组应与市电连锁，不得与其并列运行，市电恢复时，机组应自动退出工作，并延时停机	3. 柴油发电机组装设快速自起动装置和电源自动切换装置，起动时间不应大于30s；柴油发电机组应与市电连锁，是否与其并列运行，市电恢复时，机组应自动退出工作，并延时停机； 4. 电动机、水泵和开关箱等用电设备以及配电箱、柜的防护等级达到IP65； 5. 根据性质、功能的不同，各自设置单独的配电回路		4. 柴油发电机组应装设快速自起动装置和电源自动切换装置，起动时间不应大于30s；柴油发电机组应与市电连锁，不得与其并列运行，市电恢复时，机组应自动退出工作，并延时停机，不符合的，扣1分/处； 5. 电动机、水泵和开关箱等用电设备以及配电箱、柜的防护等级应达到IP65，不符合的，扣1分/处； 6. 根据性质、功能的不同，各自设置单独的配电回路，不符合的，扣1分/处； 7. 不满足防尘、防腐蚀要求的，扣1分/处	

续上表

评价类目	评价项目		释义	评价方法	标准分值	评价标准	得分
六、设备设施(200分)	3. 机电设备		隧道内配电设施应符合: 1. 隧道内配电箱、柜的防护等级应达到IP65。 2. 隧道各类电力负荷应根据性质、功能的不同,各自设置单独的配电回路。 3. 接地方式宜采用TN-S系统。 4. 由隧道内配变电所值隧道内配电箱、柜或分配箱,宜采用树干式或放射式与树干式相结合的混合式配电。 5. 隧道内宜设置供维修和养护作业用的配电回路,回路末端应设置漏电保护装置。 6. 距隧道变配电所较远的电动机,当端电压低于额定值的95%时仍能保证电动机温升符合有关规定,且堵转转矩、最小及最大转矩均能满足传动要求	6. 隧道内电动机、水泵、开关箱等用电设备以及配电箱、柜的防护等级是否满足电气装置防火防爆以及防尘、防腐蚀的相关防护规定			

续上表

评价类目	评价项目		释　　义	评价方法	标准分值	评价标准	得分
六、设备设施（200分）	3. 机电设备		时，电动机的端电压可低于额定值的95%，但不得低于额定值的90%。隧道内电动机、水泵、开关箱等用电设备以及配电箱、柜的防护等级满足电气装置防火防爆以及防尘、防腐蚀的相关防护规定，其防护等级符合《公路隧道设计规范　第二册　交通工程与附属设施》（JTG D70/2—2014）第11章的规定				
		⑥隧道内不间断电源装置（UPS）和应急电源装置（EPS）应确保重要部位和设施的用电需要；电力监控系统继电保护、自动装置设计和双电源自动投入装置应符合技术要求和相关规定	不间断电源装置（UPS）应符合： 1. 当隧道用电负荷不允许中断供电或允许中断供电时间为毫秒级时，应采用在线式UPS供电，UPS维持供电时间不应小于30min	**查资料和现场查看：** 1. 隧道用电负荷采用在线式UPS供电，UPS维持供电时间小于30min	10 ★	1. 隧道用电负荷采用在线式UPS供电，UPS维持供电时间不应小于30min，不符合的，扣1分/处	

续上表

评价类目	评价项目		释义	评价方法	标准分值	评价标准	得分
六、设备设施(200分)	3. 机电设备		2. 对计算机供电时,UPS的额度输出频率不应小于计算机各设备额度功率总和的1.2倍;对其他用电设备供电时,其额度输出功率不应小于最大计算负荷的1.3倍。 3. UPS应具有手动、自动旁路装置。 4. UPS应具有对电池组进行测量及显示的功能。 应急电源装置(EPS)应符合: 1. 隧道应急照明宜采用EPS供电,EPS维持供电时间不应小于30min。 2. EPS的额度输出功率不应小于应急照明额度功率总和的1.3倍。 3. EPS用于照明电源装置时,切换时间不应大于0.2s	2. 对计算机供电时,UPS的额度输出频率应满足计算机各设备额度功率的要求;对其他用电设备供电时,其额度输出功率不应小于最大计算负荷的1.3倍; 3. UPS是否具有手动、自动旁路装置。还应具有对电池组进行测量及显示的功能; 4. 用于应急照明电源装置的EPS满足急照明额度功率的要求		2. 对计算机供电时,UPS的额度输出频率应满足计算机各设备额度功率的要求;对其他用电设备供电时,其额度输出功率不应小于最大计算负荷的1.3倍,不符合的,扣1分/处; 3. UPS应具有手动、自动旁路装置。还应具有对电池组进行测量及显示的功能,不符合的,扣1分/处; 4. 用于应急照明电源装置的EPS应满足急照明额度功率的要求,不符合的,扣1分/处	

续上表

评价类目	评价项目		释义	评价方法	标准分值	评价标准	得分
六、设备设施(200分)	3. 机电设备		4. EPS应具有对电池组进行测量和显示的功能。 电力监控系统是满足公路隧道电气设备和线路的继电保护及电气测量要求,应具备电气设备的监视、测量、保护、控制、管理功能。其宜采用分层分布式系统结构。其包括电力监控系统继电保护、自动装置设计和双电源自动投入装置。应符合: 1. 电力监控系统继电保护、自动装置设计和双电源自动投入装置应符合现行《电力装置的继电保护和自动装置设计规范》(GB/T 50062—2008)的规定	5. 隧道电力监控系统继电保护和自动装置设计是否符合现行规范的规定; 6. 双电源自动投入装置是否能保证在工作电源断开后才能投入备用电源;工作电源的电压消失时,自动投入装置应延时动作;自动投入装置应保证只动作一次;当备用电源或设备投入到故障上时,自动投入装置应使其保护加速动作		5. 隧道电力监控系统继电保护和自动装置设计应符合现行《电力装置的继电保护和自动装置设计规范》(GB/T50062—2008)的规定,不符合的,扣1分/处; 6. 双电源自动投入装置应能保证在工作电源断开后才能投入备用电源;工作电源的电压消失时,自动投入装置应延时动作;自动投入装置应保证只动作一次;当备用电源或设备投入到故障上时,自动投入装置应使其保护加速动作,不符合的,扣1分/处	

续上表

评价类目	评价项目		释义	评价方法	标准分值	评价标准	得分
六、设备设施(200分)	3. 机电设备		2. 双电源自动投入装置应能保证在工作电源或设备断开后才能投入备用电源或设备；工作电源或设备上的电压消失时，自动投入装置应延时动作；自动投入装置应保证只动作一次；当备用电源或设备投入到故障上时，自动投入装置应使其保护加速动作；备用电源自动投入装置中，可设置工作电源的电流闭锁回路				
		⑦接地与防雷设施应根据被保护设施的特点，综合采取接闪、分流、均压、屏蔽、合理布线和共用接地等防护措施，满足安全供电的要求	接地与防雷设施应根据被保护设施的特点，综合采取接闪、分流、均压、屏蔽、合理布线和共用接地等防护措施设置。 接地设施的要求如下：应在隧道两侧电缆沟内分别设置一条贯穿整条隧道，隧道两端洞口附近应各设置一组接地装置。有监控设施的隧道，洞口接地装置接地电阻不应大于1Ω；无监控设施的隧道，洞口	**查资料和现场查看：** 1. 隧道防雷设施地下干线应贯穿整条隧道，隧道两端洞口附近各设置一组接地装置；有监控设施的隧道，洞口接地装置接地电阻不应大于1Ω；无监控设施的隧道，洞口接地装置接地电阻不应大于4Ω	10	1. 隧道防雷设施地下干线应贯穿整条隧道，隧道两端洞口附近应各设置一组接地装置；有监控设施的隧道，洞口接地装置接地电阻不应大于1Ω；无监控设施的隧道，洞口接地装置接地电阻不应大于4Ω；不符合的，扣1分/处	

续上表

评价类目	评价项目		释义	评价方法	标准分值	评价标准	得分
六、设备设施(200分)	3. 机电设备		接地装置接地电阻不应大于4Ω;两端洞口的接地装置应与隧道洞内的接地干线可靠连接。设备机房防雷接地单独设置接地装置时,接地电阻值不应大于10Ω;交直流工作接地、安全保护接地共用一组接地装置时,接地电阻值不应大于4Ω;室内金属管道、配电柜、机架等在正常工作情况下,不带电的金属构件均应就近可靠接地;进出设备机房的金属管、槽、线缆屏蔽层应就近与接地汇流排连接;机房内的供电线缆和数据、信号线缆应分别敷设于各自的金属线槽内火金属桥架内,金属线槽和桥架均应全程电气连通,并至少在其两端及穿越房间处与接地汇流排作等电位接地连接;高压架空	2. 设备机房、洞外设备防雷接地电阻值不应大于10Ω;交直流工作接地、安全保护接地电阻值不应大于4Ω;室内金属管道、配电柜、机架等不带电的金属构件均应可靠接地,接地电阻不应大于10Ω,保持完好状态; 3. 机房内电源配电箱、变电所、配电房设施、监控设备的防护等级符合规范要求并保持完好状态		2. 设备机房、洞外设备防雷接地电阻值不应大于10Ω;交直流工作接地、安全保护接地电阻值不应大于4Ω;室内金属管道、配电柜、机架等不带电的金属构件均应可靠接地,接地电阻不应大于10Ω,并保持完好状态;不符合的,扣1分/处; 3. 机房内电源配电箱、变电所、配电房设施、监控设备的防护等级应符合《公路隧道设计规范》要求并保持完好状态,不符合的,扣1分/处	

续上表

评价类目	评价项目		释义	评价方法	标准分值	评价标准	得分
六、设备设施(200分)	3. 机电设备		供电线路在进入变电所、配电房前,应使用金属护套或绝缘护套电力电缆穿钢管埋地,其金属护套或钢管两端应可靠接地。洞外设备接地设施应符合下列规定:接地体宜为辐射状。洞外设备防雷接地电阻值不应大于10Ω;交直流工作接地、安全保护接地电阻不应大于4Ω;金属线缆埋设深度不应小于0.7m,金属管应全线电气连通,屏蔽层或金属管两端应就近接地。 防雷设施的要求如下,接闪器设计除应符合《建筑物防雷设计规范》(GB 50057—2010)的规定外,尚应符合下列规定:中央控制室接闪器可采用接闪杆、接闪带、接闪网或其组合,	4. 进出机房的各类金属信号线缆是否分别设置信号SPD;洞内外监控设备的金属信号线缆两端设置信号SPD		4. 进出机房的各类金属信号线缆应分别设置信号SPD;洞内外监控设备的金属信号线缆两端应设置信号SPD,不符合的,扣1分/处	

续上表

评价类目	评价项目		释义	评价方法	标准分值	评价标准	得分
六、设备设施（200分）	3. 机电设备		其保护范围应按滚球半径45m计算。洞口变电所可采用接闪杆、接闪带、接闪网或其组合，其保护范围应按滚球半径60m计算。外场摄像机、立柱或门架式可变信息标志等外场设备宜采用独立接闪杆保护，其保护范围应按滚球半径60m计算。 电源防雷应符合以下规定：机房宜采用专供线路供电，机房内电源配电箱入线侧应安装不低于C级的SPD，其电压保护水平应与被保护设备的耐压水平相适应；变电所、配电房处的高压入线侧、低压柜出线侧应分别安装适配的电源SPD，并可靠接地；在各配电箱（屏）处应预留等电位接地端子，并安装与其雷电防护分区相对应				

续上表

评价类目	评价项目		释义	评价方法	标准分值	评价标准	得分
六、设备设施(200分)	3. 机电设备		的电源SPD;洞外配电箱进、出线侧均应安装不低于B级的电源SPD;洞内监控设备的电源入线端应安装不低于C级的电源SPD;洞外监控设备的电源入线应安装不低于B级的电源SPD;UPS/EPS电源的输入、输出端应分别安装B级或C级的电源SPD。进出机房的各类金属信号线缆应分别设置信号SPD;洞内外监控设备的金属信号线缆两端应设置信号SPD				
		⑧隧道内配电室、变压器室及备用发电机房的室内外装置的安全净距、耐火等级、消防配备、防渗水、除湿、防尘、通风以及封堵电缆孔洞、安装防鼠板、悬挂标识标志等措施应满足安全供电的要求	隧道内配电变压器、配电室应符合: 1.配变电所及发电机房所有室内、外装置的安全净距应符合相关规范的要求	**查资料和现场查看:** 1.配变电室及发电机房所有室内、外装置的安全净距是否符合相关规范的要求;	10	1.配变电室及发电机房所有室内、外装置的安全净距应符合相关规范的要求,不符合的,扣1分/处;	

续上表

评价类目	评价项目		释义	评价方法	标准分值	评价标准	得分
六、设备设施(200分)	3.机电设备		2.可燃油油浸电力变压器室的耐火等级应为一级。非燃或难燃介质的电力变压器室、电压为10kV的配电装置室和电容器室的耐火等级不应低于二级。低压配电装置室和电容器室的耐火等级不应低于三级。 3.配变电所应配置防火门。隧道地面配变电所室内门应为乙级防火门。隧道内配变电所的门应为甲级防火门。配变电所应设置防止雨、雪和小动物进入屋内的设施。 4.长度大于7m的配电装置应设两个出口。当配变电所采用双层布置时,位于楼上的配电装置室应至少设一个通向室外平台或通道的出口	2.可燃油油浸电力变压器室的耐火等级应为一级。非燃或难燃介质的电力变压器室、电压为10kV的配电装置室和电容器室的耐火等级不应低于二级。低压配电装置室和电容器室的耐火等级不应低于三级; 3.配变电所是否配置防火门。隧道地面配变电所室内门是否为乙级防火门。隧道内配变电所的门是否为甲级防火门。配变电所是否设置防止雨、雪和小动物进入屋内的设施	10	2.可燃油油浸电力变压器室的耐火等级应为一级。非燃或难燃介质的电力变压器室、电压为10kV的配电装置室和电容器室的耐火等级不应低于二级。低压配电装置室和电容器室的耐火等级不应低于三级,不符合的,扣1分/处; 3.配变电所应配置防火门。隧道地面配变电所室内门应为乙级防火门。隧道内配变电所的门应为甲级防火门。配变电所应设置防止雨、雪和小动物进入屋内的设施,不符合的,扣1分/处	

续上表

评价类目	评价项目		释义	评价方法	标准分值	评价标准	得分
六、设备设施(200分)	3.机电设备		5.位于炎热地区的配变电所,屋面应有隔热措施。位于高潮湿环境的配变电所,墙体应无渗漏、无结露,室内应有防排水措施及除湿措施	4.长度大于7m的配电装置应设两个出口,当配变电所采用双层布置时,位于楼上的配电装置室应至少设一个通向室外平台或通道的出口; 5.位于炎热地区的配变电所,屋面应有隔热措施。位于高潮湿环境的配变电所,墙体应无渗漏、无结露,室内应有防排水措施及除湿措施。柴油发电机房是否设置移动式或固定式灭火设施		4.长度大于7m的配电装置应设两个出口,当配变电所采用双层布置时,位于楼上的配电装置室应至少设一个通向室外平台或通道的出口,不符合的,扣1分/处; 5.位于炎热地区的配变电所,屋面应有隔热措施。位于高潮湿环境的配变电所,墙体应无渗漏、无结露,室内应有防排水措施及除湿措施。柴油发电机房应设置移动式或固定式灭火设施,不符合的,扣1分/处	

续上表

评价类目	评价项目		释义	评价方法	标准分值	评价标准	得分
六、设备设施(200分)	4.附属设施	①隧道交通标志、标线、轮廓标等交通安全设施应符合JTG D70/2—2014、JTG D81—2017、JTG D82—2009等的要求,相关标准未规定的交通安全设施应根据隧道所在的路网和实际安全需要确定。存在危险、有害因素的场所和设备设施,应设置明显的安全防护设施或安全警示标志,告知危险种类、后果及应急措施,设备设施检修、施工等作业现场应设置警戒区域和警示标志	隧道交通标志、标线、轮廓标的设计应简洁明晰、视认性好,应能规范诱导、指示车辆在隧道区域内安全行驶。 隧道信息标志、开车灯标志均应设置在隧道入口前30~250m处。两者均设的宜合并设置。公路隧道应设置隧道开车灯标志。 公路隧道可根据路网总体交通组织情况,设置隧道限高标志及限宽标志。限高标志及限宽标志应设置在隧道洞口联络通道前50~150m处;无联络通道时,应设置在隧道入口前150m左右。公路隧道应设置限速标志,限速值可根据隧道行车条件及路网总体交通组织情况确定。限速标志应设置在隧道入口100~200m处,可与隧道限高标志同处设置	**查资料和现场查看:** 1.现场检查交通标志、标线、轮廓标等交通安全设施不符合规范或实际需要的; 2.在隧道进出卡口是否设置防撞桩(柱),减速带等安全设施的; 3.是否按规定设置安全警示标志和安全色的; 4.在设备设施检维修、施工、吊装等作业现场设置警戒区域、围栏、警示标志,不符合的;设备裸露的运转部分,未设有防护罩、防护栏杆或防护挡板的; 5.有毒有害气体容易泄漏和积聚的场所,是否设醒目的警示标志的	20 AR	1.现场检查交通标志、标线、轮廓标等交通安全设施不符合规范或实际需要的,扣1分/项; 2.在隧道进出卡口未设置防撞桩(柱),减速带等安全设施的,扣2分; 3.未按规定设置安全警示标志和安全色的,扣1分/处; 4.在设备设施检维修、施工、吊装等作业现场设置警戒区域、围栏、警示标志,不符合的,扣1分/处;设备裸露的运转部分,未设有防护罩、防护栏杆或防护挡板的,扣1分/处; 5.有毒有害气体容易泄漏和积聚的场所,未设醒目的警示标志的,扣1分/处	

续上表

评价类目	评价项目		释义	评价方法	标准分值	评价标准	得分
六、设备设施(200分)	4.附属设施	②隧道进出口减光设施、服务(联络)隧道、交通(收费)卡口设施、设备洞室、限高架以及电缆沟、洞口绿化、雕塑、管理用房等其他工程设施应满足消除黑白效应和通行安全的要求	隧道交通卡口设施是指在隧道进出口所设置的收费亭、ETC通道、挡车杆、车辆抓拍系统、防撞桩(柱)等用于交通组织及管理的设备设施。 隧道进出口减光设施是指根据隧道所处地理位置、洞口地形与朝向、设计行车速度及交通量特征等因素,并兼顾美观协调。洞口减光构造物应使用耐久且易清洗维护的材料,其骨架结构的设计使用年限不宜低于50年。 服务(联络)隧道包括人行横通道、车行横通道、紧急停车带及逃生救援通道,应根据隧道长度与宽度、交通量特征等因素设置。逃生通道内部不得敷设与隧道运营无关的高压电缆、煤气及天然气等管线	**查资料和现场查看:** 1.电缆沟顶部作为检修道或人行道使用时,满足规定的强度与耐久性要求,表面有防滑措施;紧邻路缘带的电缆沟侧壁强度满足车辆冲击作用; 2.设置的卡口设施是否符合相关规范要求; 3.洞口限高架的性能和设置应符合有关规范的要求	10	1.电缆沟顶部作为检修道或人行道使用时,满足规定的强度与耐久性要求,表面有防滑措施;紧邻路缘带的电缆沟侧壁强度满足车辆冲击作用,不符合的,扣1分/处; 2.设置的卡口设施应符合相关规范要求,不符合的,扣1分/处; 3.洞口限高架的性能和设置应符合有关规范的要求,不符合的,扣1分/处	

续上表

评价类目	评价项目		释　义	评价方法	标准分值	评价标准	得分
六、设备设施(200分)	4. 附属设施		洞口绿化、雕塑、房屋等设施的设置以不影响隧道通行、兼顾美观为原则，并符合相关规范的要求	4. 隧道进出口减光设施、服务(联络)隧道、洞口绿化、雕塑、房屋等设施的性能和设置是否满足隧道运营需要的		4. 隧道进出口减光设施、服务(联络)隧道、洞口绿化、雕塑、房屋等设施的性能和设置不能满足隧道运营需要的，扣1分/处	
	5. 电气安全管理	①企业应严格执行停、送电管理、电力倒闸操作、带电维修养护、临时用电等作业的安全规定	倒闸操作是指通过操作隔离开关、断路器以及挂、拆接地线将电气设备从一种状态转换为另一种状态或使系统改变了运行方式的操作。 《电力安全工作规程》(发电厂和变电站电气部分)对停、送电管理、电力倒闸操作、带电维修养护、临时用电等作业，必须严格执行安全工作规程，并按照制度组织实施	**查资料和现场查看：** 1. 是否制定停、送电管理、电力倒闸操作、带电维修养护的安全规定的； 2. 是否按照规定进行作业的	5	1. 未制定停、送电管理、电力倒闸操作、带电维修养护的安全规定的，扣5分；不符合有关规定的，扣2分； 2. 未按照规定进行作业的，扣1分/处	

续上表

评价类目	评价项目		释　义	评价方法	标准分值	评价标准	得分
六、设备设施(200分)	5. 电气安全管理	②电气检测工具、防护器材应保持安全有效	电气检测工具和防护器材应按有关法律法规的要求进行维护保养及检测	**查资料和现场查看:** 1. 是否按照有关规定配备电气检测工具、防护器材的; 2. 是否按规定对电气检测工具、防护器材进行定期检测的	5	1. 未按照有关规定配备电气检测工具、防护器材的,扣3分; 2. 未按规定对电气检测工具、防护器材进行定期检测的,扣2分	
	6. 特种强检设备管理	①公路隧道区域内特种设备应规定具备产品合格证、使用登记证、法定定期检测报告、齐全有效的安全装置	《特种设备安全监察条例》(国务院令〔2009〕549号) 第二十五条规定:特种设备在投入使用前或者投入使用后30日内,特种设备使用单位应当向直辖市或者设区的市的特种设备安全监督管理部门登记。登记标志应当置于或者附着于该特种设备的显著位置。 第二十六条规定:特种设备使用单位应当建立特种设备安全技术档案。安全技术档案应当包括以下内容:	**查资料和现场查看:** 按规定办理取得使用登记证、定期检验,按规定进行报废或注销。现场有使用报废设备	5 ★★	1. 按规定办理取得使用登记证、定期检验。 2. 按规定进行报废或注销	

续上表

评价类目	评价项目		释义	评价方法	标准分值	评价标准	得分
六、设备设施(200分)	6.特种强检设备管理		(一)特种设备的设计文件、制造单位、产品质量合格证明、使用维护说明等文件以及安装技术文件和资料; (二)特种设备的定期检验和定期自行检查的记录; (三)特种设备的日常使用状况记录; (四)特种设备及其安全附件、安全保护装置、测量调控装置及有关附属仪器仪表的日常维护记录; (五)特种设备运行故障和事故记录; (六)高耗能特种设备的能效测试报告、能耗状况记录以及节能改造技术资料				

续上表

评价类目	评价项目		释　义	评价方法	标准分值	评价标准	得分
六、设备设施（200分）	6. 特种强检设备管理		第三十条规定：特种设备存在严重事故隐患，无改造、维修价值，或者超过安全技术规范规定使用年限，特种设备使用单位应当及时予以报废，并应当向原登记的特种设备安全监督管理部门办理注销； 公路隧道区域内使用的特种设备应按《中华人民共和国特种设备安全法》（主席令〔2013〕4号）和《特种设备安全监察条例》（国务院令〔2009〕549号）的规定，具备产品合格证、使用登记证、法定定期检测报告。 强检设备按照《中华人民共和国强制检定的工作计量器具目录》执行				

续上表

评价类目	评价项目		释义	评价方法	标准分值	评价标准	得分
六、设备设施(200分)	6.特种强检设备管理	②公路隧道区域内的接地与防雷设施应定期进行检测	企业应当按照《防雷减灾管理办法》(中国气象局令〔2013〕24号)第十九条规定: 投入使用后的防雷装置实行定期检测制度。防雷装置应当每年检测一次,对爆炸和火灾危险环境场所的防雷装置应当每半年检测一次。 第二十条规定:防雷装置检测机构的资质由省、自治区、直辖市气象主管机构负责认定。 第二十一条规定:防雷装置检测机构对防雷装置检测后,应当出具检测报告。不合格的,提出整改意见。被检测单位拒不整改或者整改不合格的,防雷装置检测机构应当报告当地气象主管机构,由当地气象主管机构依法作出处理。防雷装置检测机构应当执行国家有关标准和规范,出具的防雷装置检测报告必须真实可靠	**查资料:** 防雷装置应当每年检测一次,并由有资质的检测机构出具检测报告	5 ★★	防雷装置应当每年检测一次,并由有资质的检测机构出具检测报告	

续上表

评价类目	评价项目		释　义	评价方法	标准分值	评价标准	得分
六、设备设施(200分)	6. 特种强检设备管理	③用于隧道安全监视和测量的设备应满足国家有关的规定和要求	企业应按照国家有关规定和要求,对隧道内用于安全监视和测量的设备建立监视和测量设备台账,定期进行校准和维护,并保存记录	**查资料和现场查看:** 1. 监视和测量设备台账; 2. 进行定期校准的有效证据和维护的计划及记录	5 AR	1. 未建立监视和测量设备台账的,扣2分; 2. 未进行定期校准和维护的,扣1分/处	
		④用于公路隧道巡查、清洁、维护、施救等的机动车辆应定期进行检测	《中华人民共和国道路交通安全法》(主席令〔2011〕47号) 第八条规定:国家对机动车实行登记制度。机动车经公安机关交通管理部门登记后,方可上道路行驶。 第十三条规定:对登记后上道路行驶的机动车,应当依照法律、行政法规的规定,根据车辆用途、载客载货数量、使用年限等不同情况,定期进行安全技术检验	**查资料和现场查看:** 1. 隧道维修、清洁、巡视、施救等机动车辆办理机动车登记证书、号牌、行驶证和检验合格标志; 2. 按规定定期进行安全技术检验、取得检验合格标志的	5 ★★	1. 隧道维修、清洁、巡视、施救等机动车辆未办理机动车登记证书、号牌、行驶证和检验合格标志的,扣2分; 2. 未按规定定期进行安全技术检验、取得检验合格标志的,扣3分; 3. 已达报废条件的,未按规定进行报废的,扣3分	

续上表

评价类目	评价项目		释　义	评价方法	标准分值	评价标准	得分
六、设备设施(200分)	6.特种强检设备管理		警车、消防车、救护车、工程救险车应当严格按照规定的用途和条件使用。 第十四条规定：国家实行机动车强制报废制度，根据机动车的安全技术状况和不同用途，规定不同的报废标准。应当报废的机动车必须及时办理注销登记。 第十五条规定：警车、消防车、救护车、工程救险车应当按照规定喷涂标志图案，安装警报器、标志灯具。其他机动车不得喷涂、安装、使用上述车辆专用的或者与其相类似的标志图案、警报器或者标志灯具	3.已达报废条件的，未按规定进行报废； 4.工程救险车按照规定喷涂标志图案，安装警报器、标志灯具		4.工程救险车未按照规定喷涂标志图案，安装警报器、标志灯具的，扣2分	

续上表

评价类目	评价项目		释　义	评价方法	标准分值	评价标准	得分
七、科技创新与信息化(30分)	1. 科技创新及应用	①积极将科技成果应用在隧道安全管理当中,提倡在隧道交通事故预防预警、防治控制、抢险处置等方面的创新,积极开展安全生产科技攻关或课题研究。应用现代化科技手段,提升安全管理水平	《中华人民共和国安全生产法》(主席令〔2014〕13号)第十五条规定,国家鼓励和支持安全生产科学技术研究和安全生产先进技术的推广应用,提高安全生产水平。 《国务院关于坚持科学发展安全发展促进安全生产形势持续稳定好转的意见》(国发〔2011〕40号)明确提出要依靠科技,创新管理。加快安全科技研发应用,加强专业技术人才队伍和高素质的职工队伍培养,创新安全管理体制机制和方式方法,不断提升安全保障能力和安全管理水平	**查资料:** 组织开展安全生产科技攻关或课题研究的相关记录、资料。 **询问和现场查看:** 将现代科技手段应用于安全工作,提升安全管理水平的	10	1. 未组织开展安全生产科技攻关或课题研究的,扣5分; 2. 未将现代科技手段应用于安全工作,提升安全管理水平的,扣5分	

续上表

评价类目	评价项目		释义	评价方法	标准分值	评价标准	得分
七、科技创新与信息化（30分）	1. 科技创新及应用	②积极应用安全性能可靠、先进适用的新技术、新工艺、新设备和新材料	《中华人民共和国安全生产法》（主席令〔2014〕13号）第十五条规定，国家鼓励和支持安全生产科学技术研究和安全生产先进技术的推广应用，提高安全生产水平。 为贯彻落实“安全第一、预防为主、综合治理”国家安全生产方针，实现本质安全化，企业在设备设施等选型方面，应优先考虑技术先进、安全性能可靠的设备设施及工艺材料等	**查资料结合现场查看、询问：** 1. 推广、使用新技术、新工艺、新设备和新材料的情况； 2. 购置的设备是否属于安全、高效、节能的先进设备的	5	1. 未推广、使用新技术、新工艺、新设备和新材料的，扣3分； 2. 购置的设备不属于安全、高效、节能的先进设备的，扣2分	
	2. 科技信息化	①按相关要求和隧道实际开展科技信息化、安全监控平台等系统的建设	《国务院关于进一步加强企业安全生产工作的通知》（国发〔2010〕23号）指出：积极推进信息化建设，努力提高企业安全防护水平。	**查资料和现场查看：** 建立运营监控系统平台对隧道通行状况实时动态监控的，设有设备监控信息平台对主要设备设施实时动态监控	10	1. 未建立运营监控系统平台对隧道通行状况实时动态监控的，扣5分； 2. 未设有设备监控信息平台对主要设备设施实时动态监控的，扣5分	

续上表

评价类目	评价项目		释义	评价方法	标准分值	评价标准	得分
七、科技创新与信息化(30分)	2. 科技信息化		《交通运输部关于进一步加强安全生产工作的意见》(交安监发〔2013〕1号)指出:加快安全生产管理信息化建设。 企业应建立安全生产管理系统或平台,具备收集、汇总、保存和发布企业安全管理信息等功能				
		②建立健全安全监管信息化软硬件设备安全管理制度,保证安全监管信息系统的安全	制定安全监管信息化软硬件设备安全管理制度,确保安全监管信息系统的安全	**查资料:** 是否制定安全监管信息化软硬件设备安全管理制度的;是否能确保安全监管信息系统安全的	5	1. 未制定安全监管信息化软硬件设备安全管理制度的,扣5分; 2. 未能确保安全监管信息系统安全的,扣3分	

续上表

评价类目	评价项目		释义	评价方法	标准分值	评价标准	得分
八、教育培训(90分)	1.培训管理	①企业应按规定开展安全教育和培训,明确安全教育和培训目标、内容和要求,定期识别安全教育和培训需求,制定并实施安全教育和培训计划	企业应确定安全教育和培训主管部门,按规定及岗位需要,定期识别安全教育和培训需求,制定、实施安全教育和培训计划,提供相应的资源保证。 《中华人民共和国安全生产法》第十八条规定:生产经营单位的主要负责人对本单位安全生产工作负有下列职责:(三)组织制定并实施本单位安全生产教育和培训计划	**查资料:** 1.安全教育和培训制度; 2.安全教育和培训需求识别、汇总和分析; 3.安全教育和培训计划	5	1.未制定安全教育和培训制度,扣3分; 2.安全教育和培训制度内容未明确培训主管部门、培训需求和培训计划的制定等,每项扣1分; 3.未定期识别培训需求的,扣2分; 4.未根据培训需求制定培训目标、培训计划的,扣2分; 5.培训计划内容未覆盖生产经营范围,不具有操作性的每项扣1分	
		②企业应组织安全教育和培训,保证安全教育和培训所需人员、资金和设施	《安全生产培训管理办法》第十条规定:生产经营单位应当建立安全培训管理制度,保障从业人员安全培训所需经费,对从业人员进行与其所从事岗位相应的安全教育和培训; 《生产经营单位安全培训规定》第二十一条规定:生产经营单位应当将安全培训工作纳入本单位年度工作计划。保证本单位安全培训工作所需资金	**查资料:** 1.培训教育计划和记录; 2.安全费用投入计划。 **现场检查:** 询问管理、现场操作不同岗位3~5人接受安全教育的情况	5	1.未按照培训计划开展安全教育和培训的,每项(或每人)扣1分; 2.培训所需的必要人员、资金和设施未得到保证的,每项扣1分	

续上表

评价类目	评价项目		释义	评价方法	标准分值	评价标准	得分
八、教育培训（90分）	1.培训管理	③企业应做好安全教育和培训记录，建立从业人员安全教育和培训档案	《生产经营单位安全培训规定》第二十二条规定：生产经营单位应当建立健全从业人员安全生产教育和培训档案，由生产经营单位的安全生产管理机构以及安全生产管理人员详细、准确记录培训的时间、内容、参加人员以及考核结果等情况	**查资料：** 1.各类安全教育的记录； 2.从业人员安全教育和培训档案	10 AR	1.未对安全教育和培训做好记录的每次扣2分； 2.安全教育和培训档案记录不准确的（培训时间、培训内容、主讲老师、参训人员、考核结果）每项扣0.5分	
		④企业应组织对培训效果的后评估，改进提高培训质量	为了更好地落实实施继续教育和培训计划，企业应在每次教育和培训结束后，对培训效果进行评审，以便及时发现培训过程中存在的问题，制定解决或优化方案，调整培训计划，改进提高培训教育质量	**查资料：** 1.培训教育计划和记录； 2.培训效果评估记录、改进措施相关文件	5	1.无培训效果评估及改进措施，每缺一次扣1分； 2.培训效果评估不真实的或改进措施不具体的，每项扣0.5分	

续上表

评价类目	评价项目		释义	评价方法	标准分值	评价标准	得分
八、教育培训(90分)	2.资格培训	①企业的特种设备作业人员应按有关规定参加安全教育和培训,取得《特种设备作业人员证》后,方可从事相应的特种设备作业或者管理工作,并按规定定期进行复审	《特种设备作业人员监督管理办法》第二条规定:锅炉、压力容器(含气瓶)、压力管道、电梯、起重机械、客运索道、大型游乐设施、场(厂)内机动车辆等特种设备的作业人员及其相关管理人员统称特种设备作业人员。特种设备作业人员作业种类与项目目录见本办法附件。从事特种设备作业的人员应当按照本办法的规定,经考核合格取得《特种设备作业人员证》,方可从事相应的作业或者管理工作。 《特种设备作业人员监督管理办法》第二十二条《特种设备作业人员证》每4年复审一次。持证人员应当在复审期满	**查资料:** 1. 特种设备台账; 2. 特种设备作业人员台账; 3. 特种作业人员的《特种设备作业人员证》	10 ★★	1. 特种设备作业人员应取得《特种设备作业人员证》,或《特种设备作业人员证》定期复审; 2. 应建立特种设备作业人员台账(内容包括岗位、姓名、特种设备作业人员证编号、初次取证时间、复审时间、有效期等)	

续上表

评价类目	评价项目		释义	评价方法	标准分值	评价标准	得分
八、教育培训(90分)	2.资格培训		3个月前,向发证部门提出复审申请。复审合格的,由发证部门在证书正本上签章。对在2年内无违规、违法等不良记录,并按时参加安全培训的,应当按照有关安全技术规范的规定延长复审期限。 复审不合格的应当重新参加考试。逾期未申请复审或考试不合格的,其《特种设备作业人员证》予以注销。 跨地区从业的特种设备作业人员,可以向从业所在地的发证部门申请复审				

续上表

评价类目	评价项目		释义	评价方法	标准分值	评价标准	得分
八、教育培训(90分)	2. 资格培训	②企业的特种作业人员应经专门的安全技术培训并考核合格,取得《中华人民共和国特种作业操作证》后,方可上岗作业,并按规定定期进行复审。离开特种作业岗位6个月以上的特种作业人员,应重新进行实际操作考试,经确认合格后方可上岗作业	《中华人民共和国安全生产法》第二十七条规定:生产经营单位的特种作业人员必须按照国家有关规定经专门的安全作业培训,取得相应资格,方可上岗作业。 特种作业人员的范围由国务院安全生产监督管理部门会同国务院有关部门确定	**查资料:** 1. 特种作业人员台账; 2.《特种作业操作证》	10 AR	1. 特种作业人员未持证上岗或《特种作业操作证》到期未进行复审,每人扣1分; 2. 离开特种作业岗位6个月以上的特种作业人员,未重新进行实际操作考试,经确认合格后上岗作业的每人扣1分; 3. 未建立特种作业人员台账的(内容包括特种作业工种、姓名、特种作业操作证书编号、初次取证时间、复审时间、有效期等),每缺1人扣1分	

续上表

评价类目	评价项目		释义	评价方法	标准分值	评价标准	得分
八、教育培训(90分)	3. 宣传教育	企业应组织开展安全生产的法律、法规和安全生产知识的宣传、教育	企业应将安全生产法律法规的培训学习要求,纳入到企业制定的安全学习培训制度中,将适用的安全生产法律法规、标准规范及其他要求及时传达给从业人员。企业应对新的重要的法律法规进行专门培训,并对学习情况进行考核	**查资料:** 安全生产法律法规、标准及其他要求宣传、培训相关记录资料。 **询问:** 询问3~5人接受安全生产的法律、法规和安全生产知识的宣传、教育情况	5	1. 无安全生产法律法规、标准及其他要求宣传、培训相关记录资料的(培训通知、培训签到表、培训记录表、培训效果评估),扣3分; 2. 至少随机抽查3~5名人员,不熟悉本岗位适用的安全生产法律法规、标准及其他要求的,每人扣1分	
	4. 从业人员培训	①未经安全生产培训合格的从业人员,不得上岗作业	《中华人民共和国安全生产法》第二十五条规定:生产经营单位应当对从业人员进行安全生产教育和培训,保证从业人员具备必要的安全生产知识,熟悉有关的安全生产规章制度和安全操作规程,掌握本	**查资料:** 1. 从业人员安全教育和培训档案; 2. 企业从业人员档案	5	1. 新进人员,未经培训合格上岗作业的,每人次扣1分	

续上表

评价类目	评价项目		释义	评价方法	标准分值	评价标准	得分
八、教育培训(90分)	4. 从业人员培训		岗位的安全操作技能,了解事故应急处理措施,知悉自身在安全生产方面的权利和义务。未经安全生产教育和培训合格的从业人员,不得上岗作业。 《中华人民共和国安全生产法》第二十四条规定:生产经营单位的主要负责人和安全生产管理人员必须具备与本单位所从事的生产经营活动相应的安全生产知识和管理能力。 危险物品的生产、经营、储存单位以及矿山、金属冶炼、建筑施工、公路隧道运营企业的主要负责人和安全生产管理人员,应当由主管的负有安全生产监督管理职责的部门对其安全生产知识和管理能力考核合格。考核不得收费			2. 生产经营单位的主要负责人和安全生产管理人员未经主管负有安全生产监督管理职责的部门对其安全生产知识和管理能力考核合格的,每人次扣1分	

续上表

评价类目	评价项目		释义	评价方法	标准分值	评价标准	得分
八、教育培训(90分)	4. 从业人员培训	②从业人员应每年接受再培训，培训时间不得少于规定学时	《中华人民共和国安全生产法》第二十五条规定：生产经营单位应当对从业人员进行安全生产教育和培训，保证从业人员具备必要的安全生产知识，熟悉有关的安全生产规章制度和安全操作规程，掌握本岗位的安全操作技能。未经安全生产教育和培训合格的从业人员，不得上岗作业。 《生产经营单位安全培训规定》第九条规定：生产经营单位主要负责人和安全生产管理人员初次安全培训时间不得少于32学时。每年再培训时间不得少于12学时	**查资料：** 从业人员安全培训教育档案	5	1. 企业年度安全教育和培训计划未明确从业人员每年接受再培训的，扣2分； 2. 未按照培训计划要求组织开展从业人员年度再培训的，每少一次扣2分； 3. 从业人员年度再培训少于规定学时的，每少1人扣1分	

续上表

评价类目	评价项目		释义	评价方法	标准分值	评价标准	得分
八、教育培训(90分)	4.从业人员培训	③对离岗一年重新上岗、转换工作岗位的人员,应进行岗前培训。培训内容应包括安全法律法规、安全管理制度、岗位操作规程、风险和危害告知等,与新岗位安全生产要求相符合	《生产经营单位安全培训规定》规定:从业人员在本生产经营单位内调整工作岗位或离岗一年以上重新上岗时,应当重新接受车间(工段、区、队)和班组级的安全培训	**查资料:** 从业人员安全培训教育档案	5	对离岗一年重新上岗、转换工作岗位的人员未进行岗前安全培训教育,每人次扣2分	
		④应对新员工进行三级安全教育和培训,经考核合格后,方可上岗。培训时间不得少于规定学时	《生产经营单位安全培训规定》第十二条规定:加工、制造业等生产单位的其他从业人员,在上岗前必须经过厂(矿)、车间(工段、区、队)、班组三级安全培训教育。 生产经营单位应当根据工作性质对其他从业人员进行安全培训,保证其具备本岗位安全操作、应急处置等知识和技能	**查资料:** 1.对新员工的三级安全教育和培训记录; 2.三级安全教育和培训后的考核记录; 3.员工名册,必要时抽查劳动合同	10 AR	1.未对新员工进行三级安全教育和培训的,每人次扣1分; 2.存在三级安全教育和培训考核不合格上岗员工的,每人次扣1分; 3.三级安全教育和培训学时少于24学时的,每人次扣1分	

续上表

评价类目	评价项目		释义	评价方法	标准分值	评价标准	得分
八、教育培训(90分)	4. 从业人员培训		《生产经营单位安全培训规定》第十三条规定:生产经营单位新上岗的从业人员,岗前安全培训时间不得少于24学时				
		⑤企业使用被派遣劳动者的,应纳入本企业从业人员统一管理,进行岗位安全操作规程和安全操作技能的教育和培训	《中华人民共和国安全生产法》第二十五条规定:生产经营单位使用被派遣劳动者的,应当将被派遣劳动者纳入本单位从业人员统一管理,对被派遣劳动者进行岗位安全操作规程和安全操作技能的教育和培训。劳务派遣单位应当对被派遣劳动者进行必要的安全生产教育和培训	**查资料:** 1. 劳务派遣人员名单; 2. 安全教育和培训档案	5	劳务派遣人员未进行岗位安全操作规程和安全操作技能教育和培训的,每人次扣1分	

续上表

评价类目	评价项目		释义	评价方法	标准分值	评价标准	得分
八、教育培训（90分）	4. 从业人员培训	⑥应在新技术、新设备投入使用前，对管理和操作人员进行专项培训	《中华人民共和国安全生产法》第二十六条规定：生产经营单位采用新工艺、新技术、新材料或者使用新设备，必须了解、掌握其安全技术特性，采取有效的安全防护措施，并对从业人员进行专门的安全生产教育和培训	**查资料：** 1. 新技术、新设备投入使用资料； 2. 安全教育和培训档案。 **询问：** 现场询问新技术、新设备岗位人员培训情况	5	1. 新技术、新设备投入使用前，未对管理和操作人员进行专项培训的，每人次扣2分； 2. 专项培训记录档案资料不完善的，1次扣1分	
	5. 规范档案	企业应当建立安全生产教育和培训档案，如实记录安全生产教育和培训的时间、内容、参加人员以及考核结果等情况	《中华人民共和国安全生产法》第二十五条规定：生产经营单位应当建立安全生产教育和培训档案，如实记录安全生产教育和培训的时间、内容、参加人员以及考核结果等情况	**查资料：** 1. 培训教育计划和记录； 2. 培训效果评估记录、改进措施相关文件。 **现场检查：** 询问3～5人接受安全教育的情况	5	1. 无教育和培训档案记录不得分； 2. 教育和培训档案记录不真实、不准确的（培训的时间、内容、参加人员以及考核结果），每处扣1分	

续上表

评价类目	评价项目		释　义	评价方法	标准分值	评价标准	得分
九、运营管理(170分)	1. 运营监控	①企业应建立运营控制中心,合理设置控制中心岗位,明确各岗位职责、制定运营指挥、调度、作业程序,随时根据隧道内交通状况、机电设施运行情况进行调节,满足在正常、异常情况下的安全运行	企业应设置以保障公路隧道交通运行安全为原则的运营控制中心,建立科学的运营组织及指挥调度系统,建立相应的管理制度和系统化的操作规程,机制运行安全稳定可靠。 明确监控、指挥调度岗位职责,设专人对车辆、卡口管理、消防报警、视频检测报警、设备设施等运行信息实施动态监控管理;并通过有效的指挥调度,使隧道运营状况始终处于可控状态。 交通监控应不间断监控隧道内车辆通行状态(交通拥堵、车辆违章行车、车辆抛锚、杂物洒落等交通异常情况)、随时对隧道禁行车辆、非机动车辆和人员的闯入及卡口管理情况	**查资料和现场询问:** 1. 建立运营控制中心的,结合企业情况合理设置控制中心岗位的,运营控制中心各岗位职责明确; 2. 制定运营指挥、调度、作业程序;记录完整; 3. 对隧道内车辆行驶状况、行人通行情况、交通流量、视频检测设施、消防设施及其他设备设施等进行实时动态监控; 4. 控制中心岗位员工掌握相应的运营、调度、作业程序熟练	15	1. 未建立运营控制中心的,扣10分; 2. 未结合企业情况合理设置控制中心岗位的,扣5分; 3. 运营控制中心各岗位职责不明确的,扣3分; 4. 未制定运营指挥、调度、作业程序的,扣5分;记录不完整的,扣1分/处; 5. 不能对隧道内车辆行驶状况、行人通行情况、交通流量、视频检测设施、消防设施及其他设备设施等进行实时动态监控的,扣5分	

续上表

评价类目	评价项目		释义	评价方法	标准分值	评价标准	得分
九、运营管理（170分）	1.运营监控		进行监控、对隧道内突发事件、交通事故的处置进行实时监控、对隧道内施工作业防护进行全过程监控、随时将监控情况上报并记录。 设备监控应对隧道区域内供配电、通风、照明、消防、排水、监控与通信等系统的安全运行进行监控与操作，对隧道内空气质量、水位、亮度实施调节、对隧道内交通控制及诱导设施的完好进行监视，随时将监控情况上报并记录。 按照指挥调度程序，随时根据隧道内交通状况、机电设施运行情况进行调节。 隧道运营管理机构应对隧道内的交通事故、事件等情况进行统计、分析；建立工作台账，保存典型交通事故事件资料，为优化隧道交通管理奠定基础			6. 现场抽查控制中心岗位员工掌握相应的运营、调度、作业程序不熟练的，扣1分/人	

续上表

评价类目	评价项目		释义	评价方法	标准分值	评价标准	得分
九、运营管理(170分)	1.运营监控	②企业运营控制中心应通过对隧道内空气质量、照明、排水、交通诱导设施等的动态监测与控制,满足隧道通行环境的要求	根据隧道的长度、交通量、设计速度、车道数、平纵线形、地形、隧道海拔高程、隧址区域自然条件等因素下所设计的通风配置方案,针对正常交通工况和火灾、交通阻滞等异常交通工况进行空气质量动态检测,通过实施相应的通风设施运行方案,及时将隧道内烟尘、异味和一氧化碳等有害气体进行有效稀释,以满足隧道通风设计控制标准的要求,隧道内通风应满足下列标准: 1. 正常交通工况下,长度≤1000m的隧道内,CO浓度不得超过150cm³/m³;长度大于3000m的隧道内,CO浓度不得超过100cm³/m³;长度在两者之间的隧道内,CO浓度值不得超过《公路隧道设计规范 第二册 交通设施与附属设施》(JTG D70/2—2014)的规定要求	**查资料和现场查看:** 1. 建立隧道通风调节方案;建立通风检测记录。 2. 正常交通时,隧道长度≤1000m时,CO浓度不得超过150cm³/m³;隧道长度大于3000m时,CO浓度不得超过100cm³/m³;隧道长度在两者之间时,CO浓度允许值不得超过规定要求。 3. 交通阻滞时,阻滞段平均CO浓度不得超过150cm³/m³;人车混合通行的隧道,洞内CO浓度不得超过70cm³/m³	15 AR	1. 未建立隧道通风调节方案的,扣3分;未建立通风检测记录的,扣2分; 2. 正常交通时,隧道长度≤1000m时,CO浓度不得超过150cm³/m³;隧道长度大于3000m时,CO浓度不得超过100cm³/m³;隧道长度在两者之间时,CO浓度允许值不得超过《公路隧道设计规范》(JTG D70—2014)规定要求,不符合的,扣1分/处; 3. 交通阻滞时,阻滞段平均CO浓度不得超过150cm³/m³;人车混合通行的隧道,洞内CO浓度不得超过70cm³/m³,不符合的,扣1分/处	

续上表

评价类目	评价项目		释义	评价方法	标准分值	评价标准	得分
九、运营管理(170分)	1. 运营监控		2. 交通阻滞工况下，阻滞段的平均CO设计浓度可取150cm³/m³，人车混合通行的隧道，洞内CO设计浓度不应大于70cm³/m³。 3. 隧道排烟系统应能保证隧道空间最小换气频率每小时不应低于3次。 根据隧道入口段、过渡段、中间段、出口段等基本照明和加强照明的设计规范，针对路面平均亮度、总均匀度、闪烁和诱导性、隧道黑(白)洞效应等相关要求，通过有效实施照明控制方案，以符合隧道行车标准。隧道照明应满足下列指标的要求： 1. 入口段、过渡段、出口段照明及加强段照明符合设计要求，有效消除黑(白)洞和眩光效应	4. 建立隧道照明控制方案的；建立照明检测记录的。 5. 入口段、过渡段、出口段照明及加强段照明符合设计要求，视觉上不产生黑洞和眩光效应。 6. 中间段亮度应符合设计要求，行人和车辆混合通行的隧道，中间段亮度不应小于2.0cd/m²。 7. 紧急停车带照明亮度不应低于4.0cd/m²，横通道亮度不应低于1.0cd/m²。 8. 应急照明亮度不应小于中间段亮度的10%，且不低于0.2cd/m²		4. 未建立隧道照明控制方案的，扣2分；未建立照明检测记录的，扣2分； 5. 入口段、过渡段、出口段照明及加强段照明符合设计要求，视觉上不产生黑洞和眩光效应，不符合的，扣1分； 6. 中间段亮度应符合设计要求，行人和车辆混合通行的隧道，中间段亮度不应小于2.0cd/m²，不符合的，扣1分； 7. 紧急停车带照明亮度不应低于4.0cd/m²，横通道亮度不应低于1.0cd/m²，不符合的，扣1分	

续上表

评价类目	评价项目		释义	评价方法	标准分值	评价标准	得分
九、运营管理(170分)	1. 运营监控		2. 中间段亮度应符合设计要求,行人和车辆混合通行的隧道,中间段亮度不应小于2.0cd/m^2。 3. 紧急停车带照明亮度不应低于4.0cd/m^2,横通道亮度不应低于1.0cd/m^2。 4. 应急照明亮度不应小于中间段亮度的10%,且不低于0.2cd/m^2。 针对隧道衬砌背后的渗漏水和地下水、废水、汽车挟带水以及恶劣天气下进入隧道的客水等汇水情况,实施有效的排水控制方案,防止隧道汇水漫溢影响行车、损害隧道结构和设施,隧道排水系统应满足下列要求: 1. 建立以水位报警、自动启动、远程控制为基础的隧道排水预警机制。 2. 恶劣天气、异常情况下应具备排水控制方案,排水能力符合隧道设计综合排水量指标	9. 根据交通组织和路网情况,现场查看对交通诱导设施控制情况,及时或准确。 10. 建立隧道排水控制方案。 11. 排水控制方案保证隧道正常通行		8. 应急照明亮度不应小于中间段亮度的10%,且不低于0.2cd/m^2,不符合的,扣1分; 9. 根据交通组织和路网情况,现场查看对交通诱导设施控制情况,不及时或不准确的,扣1分/处。 10. 未建立隧道排水控制方案的,扣5分; 11. 排水控制方案不能保证隧道正常通行的,扣3分	

续上表

评价类目	评价项目		释义	评价方法	标准分值	评价标准	得分
九、运营管理(170分)	2.作业安全管理	①高处作业、吊装作业、动火作业、受限空间、动土作业(含病害处治)、临时用电作业、隧道内占道作业等实施许可管理，安排专人进行现场安全管理，确保施工过程中的安全措施落实	企业应对高处作业、吊装作业、动火作业、受限空间、冻土作业(含病害处治)临时用电作业等有特别要求维护的作业实施许可管理，严格履行审批手续。审批手续应包含危害因素告知和安全措施等内容。 对实施许可管理的作业，应安排专人进行现场监护，对作业过程中的安全措施落实情况进行管理。 对作业中产生的垃圾、烟尘、烟雾等废气的处置应按《环境保护管理制度》的规定执行	**查资料：** 1.作业是否履行审批手续的； 2.作业实施过程是否有专人负责现场监护，对施工过程中的安全措施落实情况进行管理	10 AR	1.作业未履行审批手续的，扣1分/次； 2.作业实施过程有专人负责现场监护，对施工过程中的安全措施落实情况进行管理，不符合的，扣2分/处	

续上表

评价类目	评价项目		释　义	评价方法	标准分值	评价标准	得分
九、运营管理(170分)	2.作业安全管理	②企业应按照少占空间、防护合理、选择时段、减少对行车的影响的等原则制定隧道内作业前、中、后的交通组织和防护方案并严格落实	隧道内作业应充分考虑对隧道交通通行的影响,作业现场应尽量少占通行车道;防护设置合理有效;作业现场应实行定置管理;应按规定设置作业现场安全防护;穿戴个体防护用品和配备消防安全器材;作业时间应选择车辆通行较少的时段进行。 企业应制定作业前、中、后的交通组织方案和防护标准,并满足下列条件: 1.作业前应明确作业控制区的防护标准(警告区、上游过渡区、纵向缓冲区、工作区、下游过渡区及终止区),其布置长度应符合有关规定	**查资料:** 是否制定作业防护标准和交通组织方案的,是否进行审批的	10	未制定作业防护标准和交通组织方案的,扣3分;未进行审批的,扣2分	

续上表

评价类目	评价项目		释　　义	评价方法	标准分值	评价标准	得分
九、运营管理（170分）	2.作业安全管理		2.作业应根据实际作业需要，设置锥形交通路标、安全带、路栏、施工隔离墩和防撞桶（墙）、移动式标志车、施工警告灯号、夜间照明等设施，其性能和设置应符合《城市道路施工作业交通组织规范》（GA/T900—2010）的规定。 3.当进行作业时，应顺着交通流方向设置安全设施；当作业完成后，应逆着交通流方向撤除为作业而设置的有关安全设施，恢复正常交通。 4.当单向三车道及以上公路的中间车道作业时，应与相邻一侧车道同时封闭。应利用作业区上游的可变信息板显示“前方＊＊公路封闭车道施工，请谨慎驾驶”的信息				

续上表

评价类目	评价项目		释义	评价方法	标准分值	评价标准	得分
九、运营管理(170分)	2.作业安全管理		5.进出口匝道养护作业控制区的布设应根据工作区在匝道的具体位置和匝道的长度而定。 6.作业控制区域占用隧道2/3车道时,应设置移动式标志车或配备交通指挥人员				
		③企业应严格执行操作规程和安全管理制度,制止和纠正违章指挥、违章操作、违反劳动纪律的行为	企业应建立岗位安全操作规程和各项安全生产的管理规章规定。安全操作规程应符合相关的安全技术标准;凡现场作业人员,应严格遵守本岗位安全操作规程和安全生产作业,严禁违章指挥、违章作业、违反劳动纪律	**查资料:** 现场查看员工是否违反操作规程和安全管理制度	10 AR	现场查看员工是否违反操作规程和安全管理制度,不符合的,扣2分/项	

续上表

评价类目	评价项目		释义	评价方法	标准分值	评价标准	得分
九、运营管理(170分)	3. 安全值班交通巡查管理	①企业应制定并落实安全值班制度,重要时期、恶劣天气实行领导到岗带班,值班领导及人员应明确职责和紧急事件处置流程	应落实运营安全值班制度,重要时期、恶劣天气情况下实行企业主要负责人及领导班子成员到岗带班制度,明确各级值班职责和突发事件处置流程,有值班记录台账	**查资料和现场交流:** 1. 重要时期、恶劣天气是否领导到岗值班并有值班计划和记录; 2. 值班、带班领导职责是否明确,并熟练掌握	10 ★	1. 重要时期、恶劣天气领导到岗值班并填写值班记录,不符合的,扣1分/项; 2. 值班、带班领导职责明确,并熟练掌握,现场交流,不符合的,扣1分/项; 3. 无值班、带班计划,扣5分	
		②企业应制定并落实交通安全巡查制度,对巡查内容、时间、频次以及路线等应有明确的规定	运营部门应制定交通安全巡查制度,明确巡查内容,频次、巡查路线,具体如下: 1. 巡查隧道内的路面、灯光、设备箱门、侧墙、交通指示灯、情报板、交通诱导线是否完好。 2. 根据《公路安全保护条例》的规定,为保护隧道结构安全,在隧道上方和洞外100m范围内进行巡查,检查是否有	**查资料:** 1. 是否制定交通安全巡查制度的; 2. 是否明确巡查内容、频次以及路线的; 3. 巡查记录是否齐全的	15	1. 未制定交通安全巡查制度的,扣5分; 2. 未明确巡查内容、频次(每天至少一次)以及路线的,扣2分; 3. 巡查记录不齐全的,扣1分	

续上表

评价类目	评价项目		释义	评价方法	标准分值	评价标准	得分
九、运营管理(170分)	3. 安全值班交通巡查管理		从事建筑、采矿、采石、取土、倾倒废弃物、爆破作业等危及隧道安全的险肇事件。 3. 巡查中发现的问题，能够现场整改的应立即整改，现场无法完成整改的立即上报运营控制中心并做好记录				
	4. 隧道交通控制(站)口管理	企业应制定隧道交通控制(站)口管理制度，明确管理范围，对范围内的车辆、人员及隧道通行等情况进行管理	隧道卡口是指在隧道进出口所设置的用于交通组织及管理的设施。隧道应按相关规定制定隧道卡口管理制度，建立有关保卫、车辆管理等相关制度，对隧道禁行车辆、非机动车辆和人员的闯入进行管理，协助相关部门查处违禁行为和事件	**查资料：** 1. 是否制定隧道交通控制(站)口管理制度的； 2. 是否明确隧道交通控制(站)口管理范围的； 3. 是否对隧道交通控制(站)口范围内的车辆、人员及隧道通行等进行管理的； 4. 是否进行交接班的	10	1. 未制定隧道交通控制(站)口管理制度的，扣5分； 2. 未明确隧道交通控制(站)口管理范围的，扣2分； 3. 未对隧道交通控制(站)口范围内的车辆、人员及隧道通行等进行管理的，扣3分； 4. 未进行交接班的，扣1分	

续上表

评价类目	评价项目		释　义	评价方法	标准分值	评价标准	得分
九、运营管理（170分）	5. 交通事件的管理	①企业应制定交通事件的具体处置方案，明确应急人员值守、交通管制、应急队伍进场、疏散和人员救护、现场处置与安全防护、损失检查等内容	交通异常事件是指通过车辆拥堵、违章行车、车辆抛锚、杂物洒落等交通异常情况，影响隧道内正常通行的事件。 企业应按照《中华人民共和国道路交通安全法》（主席令〔2011〕47号）等相关规定，对交通异常事件进行合规处置，并保存相关记录、视频录像	**查资料：** 1. 是否制定交通事件现场处置方案的； 2. 是否按照现场处置方案进行处置的	10	1. 未制定交通事件现场处置方案的，扣5分； 2. 未按照现场处置方案进行处置的，扣1分/次	
		②企业应根据实际落实交通事件处置人员，配备清障车、对讲机、交通防护用品等处置装备	企业应当根据实际需要，建立由本单位职工组成的专职或者兼职应急队伍；并对应急队伍的人员和装备、规模、作用和现场安全防护有明确规定	**查资料和现场查看：** 1. 是否根据实际配备处置装备并建立装备清单的； 2. 现场检查处置装备是否损坏或缺失的	10	1. 未根据实际配备处置装备并建立装备清单的，扣5分； 2. 现场检查处置装备损坏或缺失的，扣1分/项	

续上表

评价类目	评价项目		释　义	评价方法	标准分值	评价标准	得分
九、运营管理（170分）	6. 相关方管理	①企业应明确和执行对相关方的管理制度，在其服务活动中签订并保存安全协议，明确双方安全责任和要求。企业应督促相关方定期识别风险，采取有效的控制措施	企业应明确和执行对承包人和供应商的管理制度，对其资格预审、选择、服务前准备、作业过程、提供的产品、技术服务、表现评估、续用等进行管理，签订安全协议，明确双方各自的安全责任。 企业应建立合格承包人、供应商的名录和档案，定期识别服务行为风险，并采取行之有效的控制措施。企业应对进入同一作业区的承包人、供应商进行统一安全管理。 作业前应对承包人所有从业人员进行安全交底、培训；对承包人的服务活动进行监督管理	**查资料：** 1. 是否建立承包人台账或名录的； 2. 是否与承包人签订安全管理协议明确双方安全责任的； 3. 承包人是否具备相应资质或条件的； 4. 作业前是否对承包人所有从业人员进行安全交底、培训的； 5. 是否对承包人的服务活动进行监督管理的	5	1. 未建立承包人台账或名录的，扣2分； 2. 未与承包人签订安全管理协议明确双方安全责任的，扣2分； 3. 承包人不具备相应资质或条件的，扣3分； 4. 作业前未对承包人所有从业人员进行安全交底、培训的，扣2分； 5. 未对承包人的服务活动进行监督管理的，扣3分	

续上表

评价类目	评价项目		释义	评价方法	标准分值	评价标准	得分
九、运营管理(170分)	6.相关方管理	②企业应对劳务派遣、短期、临时从业人员进行安全培训	企业应对在其区域内活动的劳务派遣、短期、临时等从业人员建立台账,纳入企业内部的安全管理,并按照企业从业人员的要求对其从业人员进行作业行为管理,使其掌握岗位安全操作规程	**查资料和现场询问:** 1.是否建立劳务派遣、短期、临时等从业人员台账或名录的; 2.劳务派遣、短期、临时等从业人员是否进行培训的; 3.现场抽查劳务派遣、短期、临时等从业人员是否掌握岗位安全操作规程的	5	1.未建立劳务派遣、短期、临时等从业人员台账或名录的,扣2分; 2.劳务派遣、短期、临时等从业人员未进行培训的,扣1分/人; 3.现场抽查劳务派遣、短期、临时等从业人员不掌握岗位安全操作规程的,扣1分/人	
		③企业应明确现场实习、参观及其他外来人员的安全管理规定,告知作业场所的危险源及其防范方式,并进行监护管理	企业应根据自身实际情况,对现场实习、参观及其他外来人员制定相应的安全管理内容和要求,如实告知作业场所的危险源及合理有效的防范方式,并与其签订第三方安全告知书,由专人进行监护管理	**查资料和现场查看:** 1.实习、参观及其他外来人员的有相应的安全管理内容和要求的; 2.作业场所危险源告知及其防范方式齐全; 3.现场检查存在外来人员(不含隧道通行车辆或人员)经告知进入现场或存在违规行为的	5	1.无相应的安全管理内容和要求的,扣5分; 2.作业场所危险源告知及其防范方式不全的,扣1分/处; 3.现场检查存在外来人员(不含隧道通行车辆或人员)未经告知进入现场或存在违规行为的,扣1分/人	

续上表

评价类目	评价项目		释义	评价方法	标准分值	评价标准	得分
九、运营管理(170分)	7.变更管理	①企业应建立和执行变更管理制度,经评审认定,工艺、作业过程、设备设施等发生的变化对安全有直接影响的变更,应进行变更管理	企业应建立有关人员、机构、工艺、技术、设施、作业过程及环境变更的管理制度,并制定实施计划。对变更的设施进行审批和验收管理,并对变更过程及变更后所产生的风险和隐患进行辨识、评估和控制。变更安全设施,在建设阶段应经设计单位书面同意,在投用后应经安全管理部门书面同意。重大变更的,还应报安全生产监督管理部门备案	**查资料:** 是否建立变更管理制度的;制度能否符合要求的	10	未建立变更管理制度的,不得分;制度不符合要求的,扣1分/项	
		②企业应对重大变更进行辨识、评审,并保留记录	企业应建立有关人员、机构、工艺、技术、设施、作业过程及环境变更的管理制度,并制定实施计划。对重大变更,应当进行辨识、评审,并保留好记录	**查资料:** 是否对重大变更进行辨识、评审;记录是否齐全的	5 ★★	应对重大变更进行辨识、评审;记录齐全	

续上表

评价类目	评价项目		释　义	评价方法	标准分值	评价标准	得分
九、运营管理(170分)	8.消防管理	①企业应确定本单位的消防安全责任人和安全管理人，设有消防工作归口管理职能部门。建立消防安全管理制度。消防控制室的值班/操作人员应接受消防安全专门培训，并持证上岗。企业应明确消防安全重点部位，设置明显的防火标志，实行严格管理。企业宜进行消防安全评估，并建立健全消防安全管理档案	《机关、团体、企业、事业单位消防安全管理规定》（公安部令〔2001〕61号）第五条、第十五条、第十八条、第十九条、第三十六条、第三十八条、第四十一条规定。 《中华人民共和国消防法》（主席令〔2008〕6号）第十六条、第十七条、第四十一条规定。 关于印发《火灾高危单位消防安全评估导则（试行）》（公消〔2013〕60号）第三条规定：火灾高危单位应每年按要求对本单位消防安全情况进行一次评估，并在每年度12月10日前将评估报告报当地公安机关消防机构备案	**查资料：** 1.是否明确本单位消防安全责任人和安全管理人、消防工作归口管理职能部门的； 2.是否建立消防安全管理制度的； 3.消防控制室的值班人员是否持证上岗； 4.是否明确消防安全重点部位； 5.是否进行消防安全评估； 6.是否建立消防安全管理档案	10 ★★	1.应明确本单位消防安全责任人和安全管理人、消防工作归口管理职能部门； 2.应建立消防安全管理制度的； 3.消防控制室的值班人员应持证上岗； 4.应明确消防安全重点部位； 5.应进行消防安全评估； 6.应建立消防安全管理档案	

续上表

评价类目	评价项目		释　　义	评价方法	标准分值	评价标准	得分
九、运营管理(170分)	8.消防管理	②企业应按照相关要求配备相应等级和危险类别的消防控制和火灾报警系统、消防给水系统、消防灭火系统等消防设备设施、器材,并设置消防安全标志。企业应开展防火检查和巡查,对发现的火灾隐患落实责任部门、责任人进行整改,严格执行动火作业管理的规定。企业消防器材及设施应由专人负责,定期组织检验、维修,委托有资质单位对自动消防设施进行维护保养,确保所有消防器材及设施可靠、有效,随时可用。企业应制定消防应急预案,定期组织演练	企业应根据《建筑设计防火规范》(GB 50016—2014)等相关标准规范的要求配备相应等级和危险类别的消防控制和火灾报警系统、消防给水系统、泡沫/干粉灭火系统等消防设备设施、器材,并设置消防安全标志。 《机关、团体、企业、事业单位消防安全管理规定》(公安部令〔2001〕61号)第七条、第二十五条、第二十六条规定。 动火作业严格按照《化学品生产单位特殊作业安全规范》(GB 30871—2014)中第七项动火作业的相关要求执行。 消防器材及设施应设专人负责,为确保消防设施完好有效,应按照《建筑消防设施的维护管理》(GB 25201—2010)的有关规定,定期组织检验、维修,保存检验、维修记录。确保所有消防器材及设施可靠、有效,随时可用	**查资料:** 1.是否按照要求配备消防器材或标识的; 2.是否按照规定开展防火检查和巡查的;检查问题是否形成闭环管理的; 3.是否对动火作业实施许可管理的。 4.消防器材及设施是否明确专人负责的; 5.是否按照规定定期组织检验、维修或检验、维修记录不全的; 6.是否制定消防设施的维护计划的;是否按照计划实施的; 7.自动消防设施是否委托有资质的单位进行维护的;记录是否全。	10 ★★	1.应按照要求配备消防器材或标识; 2.应按照规定开展防火检查和巡查;检查问题应形成闭环管理; 3.应对动火作业实施许可管理; 4.消防器材及设施应明确专人负责; 5.应按照规定定期组织检验、维修或检验、维修记录应全面; 6.应制定消防设施的维护保养计划,并按照计划实施; 7.自动消防设施应委托有资质的单位进行维护;记录应全面; 8.应制定灭火和应急疏散预案,并定期组织演练	

续上表

评价类目	评价项目		释　义	评价方法	标准分值	评价标准	得分
九、运营管理（170分）	8. 消防管理		企业应根据消防安全“四个能力”建设标准成立扑救初起火灾的组织机构，并明确任务分工；根据《机关、团体、企业、事业单位消防安全管理规定》（公安部令〔2001〕61号）的规定以及其他的消防法规建立专职消防队、义务消防队。组织制定符合本单位实际的灭火和应急疏散预案，并实施演练	8. 是否制定灭火和应急疏散预案的，是否定期组织演练的			

续上表

评价类目	评价项目		释义	评价方法	标准分值	评价标准	得分
九、运营管理(170分)	8.消防管理	③企业消防安全责任人、消防安全管理人员应掌握消防安全知识和技能。企业应制定消防宣传教育和培训计划,每半年组织一次消防安全教育和培训,岗位员工具备扑救初起火灾的能力	企业消防安全责任人、消防安全管理人员应按照《机关、团体、企业、事业单位消防安全管理规定》(公安部令〔2001〕61号)第六条、第七条规定,履行消防安全职责,落实消防安全管理工作。 企业应根据消防安全"四个能力"建设标准,消防安全责任人、消防安全管理人员应熟知消防安全知识。 《机关、团体、企业、事业单位消防安全管理规定》(公安部令〔2001〕61号)第三十六条规定	**查资料和现场抽查:** 1.现场抽查企业消防安全责任人、消防安全管理人员对消防安全知识掌握情况; 2.是否制定年度消防宣传教育和培训计划的;是否按照计划组织实施的	5 AR	1.现场抽查企业消防安全责任人、消防安全管理人员消防安全知识掌握情况,不掌握的,扣3分/人; 2.未制定年度消防宣传教育和培训计划的,扣3分;未按照计划组织实施的,扣1分/次	

续上表

评价类目	评价项目		释　　义	评价方法	标准分值	评价标准	得分
十、风险管理（60分）	1.一般要求	企业应依法依规建立健全安全生产风险管理制度，开展本单位管理范围内的风险辨识、评估、管控等工作，落实重大风险登记、重大危险源报备责任，防范和减少安全生产事故	依据《公路水路行业安全生产风险管理暂行办法》（交安监发〔2017〕60号）第三条明确要求：从事公路水路行业生产经营活动的企事业单位（以下简称生产经营单位）是安全生产风险管理的实施主体，应依法依规建立健全安全生产风险管理工作制度，开展本单位管理范围内的风险辨识、评估等工作，落实重大风险登记、重大危险源报备和控制责任，防范和减少安全生产事故	**查资料：** 1.企业安全生产风险管理工作制度（应含重大风险管理内容）和重大危险源管理制度（含辨识、报备和管控等内容）； 2.企业安全生产风险辨识、评估方法（或规则）； 3.本单位管理范围内的风险辨识、评估等工作的记录； 4.重大风险登记、报备，重大危险源辨识、建档、报备和控制等工作记录	5 AR	1.未制定发布企业安全生产风险管理工作制度，内容不符合要求的，不得分； 2.未制定发布企业安全生产风险辨识、评估指南（或规则）扣2分； 3.无风险辨识、评估等工作的记录，扣2分；不全面或缺失，扣1分； 4.重大风险未登记或报备，分别扣1分； 5.未开展重大危险源辨识、建档、报备和控制等工作，缺一项扣1分	

续上表

评价类目	评价项目		释义	评价方法	标准分值	评价标准	得分
十、风险管理(60分)	2. 风险辨识	①企业应制定风险辨识规则,明确风险辨识的范围、方式和程序	依据《公路水路行业安全生产风险管理暂行办法》(交安监发〔2017〕60号)第十一条明确要求:生产经营单位应针对本单位生产经营活动范围及其生产经营环节,按照相关法规标准要求,编制风险辨识规则,明确风险辨识范围、方式和程序。 风险识别是指在风险事故发生之前,人们运用各种方法系统的、连续的认识所面临的各种风险以及分析风险事故发生的潜在原因。风险识别过程包含感知风险和分析风险两个环节。为更好地开展风险辨识工作,企业应制定风险辨识规则,明确辨识的范围、方式和程序等内容,指导原工作开展风险辨识工作。风险辨识的范围应包含了企业所人员、作业、过程和场所,辨识方式适合企业各岗位需求,辨识程序全面、合规	**查资料:** 风险辨识规则文件	5	1. 未编制风险辨识规则,不得分; 2. 风险辨识规则中风险辨识范围、方式和程序等内容有缺失,每缺一项扣1分	

续上表

评价类目	评价项目		释　义	评价方法	标准分值	评价标准	得分
十、风险管理(60分)	2. 风险辨识	②风险辨识应系统、全面,并进行动态更新	企业风险是一个复杂的系统,其中包括不同类型、不同性质、不同损失程度的各种风险,故对风险进行识别,应该全面系统地考察、了解各种风险事件存在和可能发生的概率以及损失的严重程度,风险因素及因风险的出现而导致的其他问题。因此,必须系统、全面了解各种风险的存在和发生及其将引起的损失后果的详细情况,以便及时而清楚地为决策者提供比较完备的决策信息。同时,风险随生产工艺、装备和过程变化、环境变化、人的因素和管理的变化,风险致险因素、危害程度等也发生变化,相应的控制方法和措施也应随之改变,因此应进行动态更新	**查资料:** 风险辨识清单。 **现场检查:** 重点作业场所、关键岗位、设备	5	1. 风险清单辨识不全面,每项扣1分; 2. 风险清单未及时更新,扣2分	

续上表

评价类目	评价项目		释　义	评价方法	标准分值	评价标准	得分
十、风险管理(60分)	2. 风险辨识	③风险辨识应涉及所有的工作人员(包括外部人员)、工作过程和工作场所。安全生产风险辨识结束后应形成风险清单	风险辨识是运用各种方法对尚未发生的潜在风险以及客观存在的各种风险进行系统归类和全面识别。风险辨识不是一次能够完成的,它应该在整个安全生产过程中定期而有计划地进行,具有广泛性、全生命周期和信息依赖性,因为安全生产参与成员的工作性质不同,所面临的风险也会有所不同,他们都有自己独特的生产经历和风险管理经验,可以为识别生产的风险提供更多的途径。同时,由于生产由不同分工协助组合完成,风险辨识将涉及财务、工艺、设备、技术、管理等多个的不同知识领域;另外,风险存在于产品生产生命期的各个阶段中,不同阶段会出现影响程度不同的风险,随着生产	**查资料:** 查风险辨识清单	3	风险清单未涉及所有的工作人员(包括外部人员)、工作过程和工作场所,每项扣1分	

续上表

评价类目	评价项目		释　义	评价方法	标准分值	评价标准	得分
十、风险管理(60分)	2. 风险辨识		过程、条件(含场所)、环境、范围等的不断变化,新的风险又会产生,从而又需要开展新一轮的风险识别。总之,风险识别必然贯穿于生产的全过程和所有场所。风险辨识成果之一,就是形成风险清单				
	3. 风险评估	①企业应从发生危险的可能性和严重程度等方面对风险因素进行分析,选定合适的风险评估方法,明确风险评估规则	风险评估是指风险识别、风险分析和风险评价的全过程。通过选择合适的评估方法对存在的安全生产风险和有害因素进行评估,确定风险程度和等级,并根据评估结果采取针对性的控制措施,确保风险控制在可接受的范围之内。 企业应编制风险评价规则,规则应根据不同岗位、过程和场所辨识风险,从发生危险的可能性和严重程度等方面对风险因素进行分析,推荐选择采用合适的风险评估方法	**查资料:** 风险评估规则	2	1. 企业无风险评价规则,不得分; 2. 规则未包含风险评价方法选择、评价人员资历、评价程序、评价记录、评价报告编制和归档等要求,缺一项扣1分	

续上表

评价类目	评价项目		释义	评价方法	标准分值	评价标准	得分
十、风险管理(60分)	3.风险评估	②企业应依据风险评估规则,对风险清单进行逐项评估,确定风险等级	企业应依据风险评估规则,对风险清,选择合适评价方法进行逐项评估,确定风险等级	**查资料:** 1.风险分析记录、风险评价报告; 2.风险清单; 3.重大风险清单	5	1.无风险分析记录、风险评价报告,不得分;每缺一项,扣0.5分; 2.风险清单无风险等级,不得分;未全部评出风险等级,扣1分; 3.风险等级判定不准确,每条扣1分; 4.企业未列出重大风险清单,不得分	
	4.风险控制	①企业应根据风险评估结果及经营运行情况等,按以下顺序确定控制措施: a.消除; b.替代; c.工程控制措施; d.设置标志警告和(或)管理控制措施; e.个体防护装备等	企业应根据风险评价的结果及经营运行情况等,确定不可接受的风险,制定并落实控制措施,将风险尤其是重大风险控制在可以接受的程度;风险控制措施符合相关标准要求。企业在选择风险控制措施时: 1.应考虑:可行性;安全性;可靠性	**查资料:** 1.风险控制措施相关文件记录; 2.风险控制措施是否符合规定的控制顺序要求。	5	1.文件未明确企业应根据风险评估结果及经营运行情况等,按上述顺序确定控制措施,不得分; 2.风险控制措施不符合相关标准要求,扣1分;	

续上表

评价类目	评价项目		释　义	评价方法	标准分值	评价标准	得分
十、风险管理（60分）	4. 风险控制		2. 应包括：工程技术措施；管理措施；培训教育措施；个体防护措施。 应按照以下顺序确定控制措施： a）消除； b）替代； c）工程控制措施； d）设置标志警告和（或）管理控制措施； e）个体防护装备等	**现场检查结合询问：** 重点场所、关键岗位和设备设施的风险控制措施		3. 重点场所、岗位、设备设施的风险控制措施不明确、不合理、不符合要求，每处扣1分	
		②企业应将安全风险评估结果及所采取的控制措施告知相关从业人员，使其熟悉工作岗位和作业环境中存在的安全风险，掌握、落实应采取的控制措施	《中华人民共和国安全生产法》第四十一条中规定：生产经营单位应当教育和督促从业人员严格执行本单位的安全生产规章制度和安全操作规程；并向从业人员如实告知作业场所和工作岗位存在的危险因素、防范措施以及事故应急措施。故企业应将安全风险评估结果及所采取的控制措施告知相关从业人员，使其熟悉工作岗位和作业环境中存在的安全风险，掌握、落实应采取的控制措施	**查资料：** 企业将安全风险评估结果及所采取的控制措施告知相关从业人员的告知文件、记录等活动档案，或告知交底档案文件资料，或岗前教育等相关活动记录。 **询问：** 询问3名业人员是否熟悉本岗位安全风险评估结果及所采取的控制措施	5	1. 企业无安全风险评估结果及所采取的控制措施告知相关从业人员的告知的文件、记录等活动档案，或告知交底档案文件资料，或岗前教育等相关活动记录，扣2分； 2. 有关人员不熟悉工作岗位和作业环境中存在的安全风险，每人扣1分； 3. 不掌握或未落实应采取的控制措施，每处扣1分	

续上表

评价类目	评价项目		释义	评价方法	标准分值	评价标准	得分
十、风险管理(60分)	4. 风险控制	③企业应建立风险动态监控机制，按要求对风险进行控制和监测，及时掌握风险的状态和变化趋势，以确保风险得到有效控制	《公路水路行业安全生产风险管理暂行办法》(交安监发〔2017〕60号)第十八条规定：生产经营单位应建立风险动态监控机制，按要求进行监测、评估、预警，及时掌握风险的状态和变化趋势。 风险动态监控对风险的发展与变化情况进行全程监督，并根据需要进行应对策略的调整。因为风险是随着内部外部环境的变化而变化的，它们在决策主体经营活动的推进过程中可能会增大或者衰退乃至消失，也可能由于环境的变化又生成新的风险。风险动态监控就是通过对风险规划、识别、估计、评价、应对全过程的监视和控制，从而保证风险管理能达到预期的目标，它是项目实施过程中的一项重要工作	**查资料：** 1. 风险动态监控管理制度； 2. 风险动态监控记录	3	1. 企业未制定风险动态监控制度，不得分； 2. 制度未明确监控项目、参数、责任人员、频次和方法等要求，每缺一项，扣1分； 3. 无风险动态监控记录，不得分；缺少一项监控记录扣1分； 4. 企业风险控制未有效控制的，每项扣1分	

续上表

评价类目	评价项目		释义	评价方法	标准分值	评价标准	得分
十、风险管理(60分)	5. 重大风险管控	①企业对重大风险进行登记建档,设置重大风险监控系统,制定动态监测计划,并单独编制专项应急措施	《公路水路行业安全生产风险管理暂行办法》(交安监发〔2017〕60号)第二十四条规定:生产经营单位应如实记录风险辨识、评估、监测、管控等工作,并规范管理档案。重大风险应单独建立清单和专项档案。第二十六条规定:(一)对重大风险制定动态监测计划,定期更新监测数据或状态,每月不少于1次,并单独建档;(二)重大风险应单独编制专项应急措施。 企业对确定认的重大风险都应按照规定登记建档。重大风险档案主要内容包括基本信息、管控信息、预警信息和事故信息等	**查资料:** 1. 企业重大风险登记档案; 2. 重大风险监控系统及动态监测计划; 3. 重大风险的专项应急措施	5 ★★	1. 企业应建立重大风险登记档案,重大风险档案内容全面; 2. 重大风险监控系统填报应及时或正确; 3. 应制定动态监测计划,计划全面; 4. 应制定针对重大风险的专项应急措施; 5. 重大风险的专项应急措施应正确、全面	

续上表

评价类目	评价项目		释义	评价方法	标准分值	评价标准	得分
十、风险管理(60分)	5. 重大风险管控	②企业应当在重大风险所在场所设置明显的安全警示标志，对进入重大风险影响区域的人员组织开展安全防范、应急逃生避险和应急处置等相关培训和演练	《公路水路行业安全生产风险管理暂行办法》(交安监发〔2017〕60号)第二十八条规定：生产经营单位应当在重大风险所在场所设置明显的安全警示标志，标明重大风险危险特性、可能发生的事件后果、安全防范和应急措施。 第二十七条规定：生产经营单位应对进入重大风险影响区域的本单位从业人员组织开展安全防范、应急逃生避险和应急处置等相关培训和演练	**现场检查：** 重大风险所在场所。 **查资料：** 培训和演练的计划和记录	5	1. 现场未设置明显的安全警示标志，每处扣2分； 2. 未标明重大风险危险特性、可能发生的事件后果、安全防范和应急措施，缺一项扣1分； 3. 无培训计划或演练计划，扣1分； 4. 无培训记录或培训记录不全，扣2分； 5. 无演练记录或记录不全，扣1分；无演练总结，扣1分	

续上表

评价类目	评价项目		释义	评价方法	标准分值	评价标准	得分
十、风险管理(60分)	5. 重大风险管控	③企业应当将本单位重大风险有关信息通过公路水路行业安全生产风险管理信息系统进行登记,构成重大危险源的应向属地负有安全生产监督管理职责的交通运输管理部门备案	《公路水路行业安全生产风险管理暂行办法》(交安监发〔2017〕60号)第三十条规定:生产经营单位应当将本单位重大风险有关信息通过公路水路行业安全生产风险管理信息系统进行登记,构成重大危险源的应向属地综合安全生产监督管理部门备案。登记(含重大危险源报备,下同)信息应当及时、准确、真实	**查系统:** 1. 本单位重大风险通过公路水路行业安全生产风险管理信息系统进行登记的记录; 2. 重大危险源通过系统向属地综合安全生产监督管理部门备案的记录。 **查资料:** 重大危险源备案资料	2 ★★	1. 应将本单位重大风险有关信息通过公路水路行业安全生产风险管理信息系统进行登记; 2. 重大危险源的应通过系统向属地综合安全生产监督管理部门备案,或报送资质资料; 3. 登记(含重大危险源报备,下同)信息应及时、准确、真实	
		④重大风险经评估确定等级降低或解除的,企业应于规定的时间内通过公路水路行业安全生产风险管理系统予以销号	《公路水路行业安全生产风险管理暂行办法》(交安监发〔2017〕60号)第三十六条规定:重大风险经评估确定等级降低或解除的,生产经营单位应于5个工作日内通过公路水路行业安全生产风险管理系统予以销号	**查资料、系统:** 1. 重大风险评估报告; 2. 通过公路水路行业安全生产风险管理信息系统进行登记的记录	2	1. 重大风险确定等级降低或解除的,生产经营单位未通过公路水路行业安全生产风险管理系统予以销号,不得分; 2. 未在5个工作日内通过公路水路行业安全生产风险管理系统予以销号,扣1分	

续上表

评价类目	评价项目		释　义	评价方法	标准分值	评价标准	得分
十、风险管理(60分)	6. 预测预警	①企业应根据生产经营状况、安全风险管理及隐患排查治理、事故等情况，运用定量或定性的安全生产预测预警技术，建立企业安全生产状况及发展趋势的安全生产预测预警机制	预测预警是通过安全风险管理及隐患排查治理，查找导致危险前兆的根源，控制危险事态的进一步发展或将危险事件扼杀于萌芽状态，以减少危机的发生或降低危机危害程度的过程。预测预警的目的是当风险因素达到预警条件的，企业应及时发出预警信息，并立即采取针对性措施，防范安全生产事故发生；减少危机的发生或降低危机的破坏程度，实现企业的持续经营	**查资料：** 1. 包含预测预警内容的制度文件； 2. 定量或定性的安全生产预测预警技术的文件	5	1. 相关制度文件未包含预测预警要求内容，不得分； 2. 制度未规定了运用定量或定性的安全生产预测预警技术，扣2分；定量或定性的安全生产预测预警技术不合适的，扣1分； 3. 未开展预测预警活动，扣3分； 4. 采用的预测预警技术不适合企业重大危险源或重大风险预测预警实际情况，扣1分； 5. 安全生产预测预警机制未定期评审，扣1分；未根据评审结果予以改进，扣1分	

续上表

评价类目	评价项目		释　义	评价方法	标准分值	评价标准	得分
十、风险管理(60分)	6.预测预警	②当风险因素达到预警条件的，企业应及时发出预警信息，并立即采取针对性措施，防范安全生产事故发生	当风险因素达到预警条件时，企业应及时发出预警信息，并根据重大风险应急预案立即启动一级预案，按照应急预案要求采取针对性控制措施，防范安全生产事故发生	**查资料：** 1. 发出预警信息的风险因素达到预警条件的规定文件； 2. 启动应急预案的相关记录； 3. 针对性措施的相关记录和台账	3	1. 未制定发出预警信息的风险因素达到预警的条件，每项扣1分； 2. 达到预警条件，未发出预警，扣1分； 3. 无启动应急预案的相关记录，扣1分； 4. 无采用相关针对性措施的相关记录和台账，扣1分	
十一、隐患排查和治理(50分)	1.隐患排查	①企业应落实隐患排查治理和防控责任制，组织事故隐患排查治理工作，实行从隐患排查、记录、监控、治理、销账到报告的闭环管理	《中华人民共和国安全生产法》第三十八条 生产经营单位应当建立健全生产安全事故隐患排查治理制度，采取技术、管理措施，及时发现并消除事故隐患	**查资料：** 1. 隐患排查治理和防控制度； 2. 隐患排查相关记录和报告	5 ★★	1. 企业应制定隐患排查治理和防控制度； 2. 企业应明确隐患排查治理的责任部门和人员； 3. 制度应明确安全隐患排查、记录、监控、治理、销账和报告等闭环要求	

续上表

评价类目	评价项目		释　义	评价方法	标准分值	评价标准	得分
十一、隐患排查和治理（50分）	1. 隐患排查		《公路水路行业安全生产隐患治理管理暂行办法》（交安监发〔2017〕60号）第九条规定：生产经营单位应当建立健全隐患排查、告知（预警）、整改、评估验收、报备、奖惩考核、建档等制度，逐级明确隐患治理责任，落实到具体岗位和人员。 企业应依据有关法律法规、标准规范等，制定隐患排查治理和防控制度，实行从隐患排查、记录、监控、治理、销账到报告的闭环管理				

续上表

评价类目	评价项目		释义	评价方法	标准分值	评价标准	得分
十一、隐患排查和治理(50分)	1. 隐患排查	②企业应依据有关法律法规、标准规范等,组织制定各部门、岗位、场所、设备设施的隐患排查治理标准或排查清单,明确隐患排查的时限、范围、内容和要求,并组织开展相应的培训。隐患排查的范围应包括所有与生产经营相关的场所、人员、设备设施和活动,包括承包商和供应商等相关服务范围	依据《安全生产事故隐患排查治理暂行规定》(国家安全生产监督管理总局令第16号)、《公路水路行业安全生产隐患治理管理暂行办法》(交安监发〔2017〕60号)要求,组织制定各部门、岗位、场所、设备设施的隐患排查治理标准或排查清单,明确隐患排查的时限、范围、内容和要求,并组织开展相应的培训。隐患排查的范围应包括所有与生产经营相关的场所、人员、设备设施和活动,包括承包商和供应商等相关服务范围	**查资料:** 1. 隐患排查治理标准或排查清单; 2. 隐患排查方案和记录; 3. 培训的计划和记录	5 AR	1. 未组织制定各部门、岗位、场所、设备设施的隐患排查治理标准或排查清单,扣2分,缺1项,扣0.5分; 2. 未制定年度隐患排查方案,扣1分,隐患排查的时限、范围、内容和要求缺1项,扣0.5分; 3. 隐患排查的范围未包括所有与生产经营相关的场所、环境、人员、设备设施和活动,每缺一项扣1分; 4. 无开展相应的培训计划和记录,扣1分	

续上表

评价类目	评价项目		释义	评价方法	标准分值	评价标准	得分
十一、隐患排查和治理(50分)	1. 隐患排查	③生产经营单位应当建立事故隐患日常排查、定期排查和专项排查工作机制。日常排查每周应不少于1次,定期排查每半年应不少于1次,并根据政府及有关管理部门安全工作的专项部署、季节性变化或安全生产条件变化情况进行专项排查	《公路水路行业安全生产隐患治理管理暂行办法》(交安监发〔2017〕60号)第十一条规定:生产经营单位应当建立隐患日常排查、定期排查和专项排查工作机制,明确隐患排查的责任部门和人员、排查范围、程序、频次、统计分析、效果评价和评估改进等要求,及时发现并消除隐患。 第十二条规定:日常排查每周应不少于1次。 第十三条规定:隐患专项排查是生产经营单位在一定范围、领域组织开展的针对特定隐患的排查,一般包括:	**查资料:** 隐患排查记录	5	1. 未开展事故隐患日常排查、定期排查和专项排查工作,不得分;缺一项,扣2分; 2. 日常排查每周少于1次,扣1分; 3. 定期排查每半年少于1次,扣1分; 4. 未根据政府及有关管理部门安全工作的专项部署、季节性变化或安全生产条件变化情况进行专项排查的记录,扣2分	

续上表

评价类目	评价项目		释　义	评价方法	标准分值	评价标准	得分
十一、隐患排查和治理（50分）	1. 隐患排查		（一）根据政府及有关管理部门安全工作专项部署，开展针对性的隐患排查； （二）根据季节性、规律性安全生产条件变化，开展针对性的隐患排查； （三）根据新工艺、新材料、新技术、新设备投入使用对安全生产条件形成的变化，开展针对性的隐患排查； （四）根据安全生产事故情况，开展针对性的隐患排查。 第十四条规定：定期排查每半年应不少于1次				

续上表

评价类目	评价项目		释义	评价方法	标准分值	评价标准	得分
十一、隐患排查和治理(50分)	1. 隐患排查	④企业应填写事故隐患排查记录,依据确定的隐患等级划分标准对发现或排查出的事故隐患进行判定,确定事故隐患等级并进行登记,形成事故隐患清单。企业应将重大事故隐患向属地负有安全生产监督管理职责的交通运输管理部门备案	企业应根据《公路水路行业安全生产隐患治理管理暂行办法》(交安监发〔2017〕60 号)中重大隐患的判定原则,制定企业重大隐患判定标准,依据确定的隐患等级划分标准对发现或排查出的事故隐患进行判定,确定事故隐患等级并进行登记,形成事故隐患清单。 企业应通过系统将重大事故隐患向属地负有安全生产监督管理职责的交通运输管理部门备案	**查资料:** 1. 企业重大隐患判定标准文件; 2. 隐患排查记录; 3. 事故隐患清单; 4. 企业通过系统将重大事故隐患向属地负有安全生产监督管理职责的交通运输管理部门备案记录	5 ★★	1. 企业应制定本企业重大隐患判定标准; 2. 应依据确定的隐患等级划分标准对发现或排查出的事故隐患进行判定; 3. 应确定事故隐患等级并进行登记,形成事故隐患清单; 4. 重大事故隐患应向属地负有安全生产监督管理职责的交通运输管理部门备案记录	

续上表

评价类目	评价项目		释义	评价方法	标准分值	评价标准	得分
十一、隐患排查和治理(50分)	2. 隐患治理	①对于一般事故隐患,企业应按照职责分工立即组织整改,确保及时进行治理	《中华人民共和国安全生产法》第十八条中规定:“督促、检查本单位的安全生产工作,及时消除生产安全事故隐患。” 《公路水路行业安全生产隐患治理管理暂行办法》(交安监发〔2017〕60号)第十九条规定:生产经营单位应对排查出的隐患立即组织整改,隐患整改情况应当依法如实记录,并向从业人员通报。故对于一般事故隐患,企业应按照职责分工立即组织整改,做到定治理措施、定负责人、定资金来源、定治理期限、定预案,确保及时进行治理	**查资料:** 隐患排查治理记录	5	1. 企业未保留相关文件资料及活动记录,扣2分; 2. 未及时组织隐患治理或整改不到位,扣1分; 3. 未做到定治理措施、定负责人、定资金来源、定治理期限、定预案,缺一项扣0.5分; 4. 未落实一般安全隐患防范和整改措施,扣1分	

续上表

评价类目	评价项目		释义	评价方法	标准分值	评价标准	得分
十一、隐患排查和治理(50分)	2. 隐患治理	②对于重大事故隐患,企业主要负责人组织制定专项隐患治理整改方案,并确保整改措施、责任、资金、时限和预案"五到位"。整改方案应包括: a. 整改的目标和任务;整改方案和整改期的安全保障措施; b. 经费和物资保障措施	《公路水路行业安全生产隐患治理管理暂行办法》(交安监发〔2017〕60号)第二十二条规定:重大隐患整改应制定专项方案,包括以下内容: (一)整改的目标和任务; (二)整改技术方案和整改期的安全保障措施; (三)经费和物资保障措施; (四)整改责任部门和人员; (五)整改时限及节点要求; (六)应急处置措施; (七)跟踪督办及验收部门和人员	**查资料:** 1. 重大隐患清单; 2. 专项隐患治理整改方案和记录	5 AR	1. 未组织制定专项隐患治理整改方案,缺一项扣1分; 2. 整改专项方案不符合要求,每处扣1分; 3. 无"五到位"的记录和证据,扣1分	

续上表

评价类目	评价项目		释　义	评价方法	标准分值	评价标准	得分
十一、隐患排查和治理(50分)	2. 隐患治理	c. 整改责任部门和人员; d. 整改时限及节点要求; e. 应急处置措施; f. 跟踪督办及验收部门和人员	《安全生产事故隐患排查治理暂行规定》(国家安全生产监督管理总局令第16号)规定:企业应当按照国家有关规定将本单位重大危险源及有关安全措施、应急措施,报负有安全生产监督管理的部门和有关部门备案,做到整改措施、责任、资金、时限和预案"五到位"				
		③企业在事故隐患整改过程中,应采取相应的监控防范措施,防止发生次生事故	《公路水路行业安全生产隐患治理管理暂行办法》(交安监发〔2017〕60号)第二十一条规定:生产经营单位在隐患整改过程中,应当采取相应的安全防范措施,防范发生安全生产事故	**查资料:** 1. 企业在事故隐患整改过程中,采取相应的监控防范措施的记录和证据; 2. 事故报告	5	1. 企业在事故隐患整改过程中,无采取相应的监控防范措施的记录和证据,扣2分; 2. 有发生次生事故的,扣3分	

续上表

评价类目	评价项目		释义	评价方法	标准分值	评价标准	得分
十一、隐患排查和治理(50分)	2.隐患治理	④事故隐患整改完成后,企业应按规定进行验证或组织验收,出具整改验收结论,并签字确认。重大事故隐患整改验收通过的,企业应将验收结论向属地负有安全生产监督管理职责的交通运输管理部门报备,并申请销号	《公路水路行业安全生产隐患治理管理暂行办法》(交安监发〔2017〕60号)第二十条规定:一般隐患整改完成后,应由生产经营单位组织验收,出具整改验收结论,并由验收主要负责人签字确认。 第二十四条 重大隐患整改验收通过的,生产经营单位应将验收结论向属地负有安全生产监督管理职责的交通运输管理部门报备,并申请销号	**查资料:** 隐患整改验收记录。 **查系统:** 1.重大事故隐患报备资料; 2.销号申请记录和申报材料	5 ★★	1.一般隐患整改完成后,生产经营单位应组织验收; 2.应有整改验收结论记录; 3.验收主要负责人应签字确认; 4.重大事故隐患整改验收通过的,企业应将验收结论向属地负有安全生产监督管理职责的交通运输管理部门报备资料; 5.应有销号申请记录; 6.报备申请材料应包括:重大隐患基本情况及整改方案;重大隐患整改过程;验收机构或验收组基本情况;验收报告及结论	

续上表

评价类目	评价项目		释义	评价方法	标准分值	评价标准	得分
十一、隐患排查和治理(50分)	2.隐患治理	⑤企业应对重大事故隐患形成原因及整改工作进行分析评估,及时完善相关制度和措施,依据有关规定和制度对相关责任人进行处理,并开展有针对性的培训教育	《公路水路行业安全生产隐患治理管理暂行办法》(交安监发〔2017〕60号)第二十五条规定:重大隐患整改验收完成后,生产经营单位应对隐患形成原因及整改工作进行分析评估,及时完善相关制度和措施,依据有关规定和制度对相关责任人进行处理,并开展有针对性的培训教育	**查资料:** 1. 重大隐患分析评估记录和文件资料; 2. 对相关制度和措施修改完善记录; 3. 相关责任人进行处理文件记录; 4. 开展针对性的培训教育的记录	5	1. 生产经营单位无对隐患形成原因及整改工作进行分析评估记录和文件资料,扣2分; 2. 未根据分析评估结果,对相关制度和措施修改完善,扣1分; 3. 无依据规定和制度对相关责任人进行处理文件记录,扣2分; 4. 未开展针对性的培训教育的记录,扣1分	

续上表

评价类目	评价项目		释　义	评价方法	标准分值	评价标准	得分
十一、隐患排查和治理(50分)	2.隐患治理	⑥企业应对事故隐患排查治理情况如实记录,建立相关台账,并定期组织对本单位事故隐患治理情况进行统计分析,及时梳理、发现安全生产问题和趋势,形成统计分析报告,改进安全生产工作	《公路水路行业安全生产隐患治理管理暂行办法》(交安监发〔2017〕60号)第十七条规定:生产经营单位应认真填写隐患排查记录,形成隐患排查工作台账,包括排查对象或范围、时间、人员、安全技术状况、处理意见等内容,经隐患排查直接责任人签字后妥善保存。 第二十六条规定:生产经营单位应当根据生产经营活动特点,定期组织对本单位隐患治理情况进行统计分析,及时梳理、发现安全生产苗头性问题和规律,形成统计分析报告,改进安全生产工作	**查资料:** 1.隐患排查工作台账; 2.隐患治理情况进行统计分析记录	5	1.生产经营单位填写隐患排查记录不准确、全面,扣1分; 2.隐患排查工作台账不完整、不规范;缺治理方案、控制措施、评估报告书、验收报告等过程记录,每项扣1分,未及时归档保存,扣1分; 3.未进行统计分析的,扣1分; 4.未根据分析报告,改进安全生产工作,扣2分。有改进,无记录的,扣1分	

续上表

评价类目	评价项目		释义	评价方法	标准分值	评价标准	得分
十二、职业健康（20分）	1.健康管理	①企业应落实职业病防治主体责任，按规定设置职业健康管理机构和配备专（兼）职管理人员；落实职业病危害告知、日常监测、定期报告和防护保障等制度措施	《中华人民共和国职业病防治法》规定：用人单位应当采取下列职业病防治管理措施： （一）设置或者指定职业卫生管理机构或者组织，配备专职或者兼职的职业卫生管理人员，负责本单位的职业病防治工作； （二）制定职业病防治计划和实施方案； （三）建立、健全职业卫生管理制度和操作规程； （四）建立、健全职业卫生档案和劳动者健康监护档案； （五）建立、健全工作场所职业病危害因素监测及评价制度； （六）建立、健全职业病危害事故应急救援预案。	**查资料：** 1.企业设置或任命职业健康管理机构或人员文件； 2.企业职业危害管理制度； 3.企业建立的职业卫生档案； 4.企业定期职业危害因素监测记录； 5.劳动合同。 **现场检查：** 职业危害场所及岗位	5	1.未设置职业健康管理机构或未指定专兼职人员的，不得分； 2.人员不能胜任的，不得分； 3.未建立职业危害管理制度的，不得分； 4.未按照职业危害管理制度开展日常职业危害检测和管理活动的，每项扣1分； 5.未向劳动者告知工作过程中可能产生的职业病危害及其后果的，每少1人扣0.5分	

续上表

评价类目	评价项目		释义	评价方法	标准分值	评价标准	得分
十二、职业健康(20分)	1.健康管理		《中华人民共和国职业病防治法》第三十三条规定:用人单位与劳动者订立劳动合同(含聘用合同,下同)时,应当将工作过程中可能产生的职业病危害及其后果、职业病防护措施和待遇等如实告知劳动者,并在劳动合同中写明,不得隐瞒或者欺骗。 劳动者在已订立劳动合同期间因工作岗位或者工作内容变更,从事与所订立劳动合同中未告知的存在职业病危害的作业时,用人单位应当依照前款规定,向劳动者履行如实告知的义务,并协商变更原劳动合同相关条款				

续上表

评价类目	评价项目		释义	评价方法	标准分值	评价标准	得分
十二、职业健康(20分)	1. 健康管理	②提供符合职业卫生要求的工作环境和条件；应按规定组织有关从业人员进行职业健康检查，并建立有关从业人员职业健康档案	《中华人民共和国职业病防治法》第四条规定：劳动者依法享有职业卫生保护的权利。用人单位应当为劳动者创造符合国家职业卫生标准和卫生要求的工作环境和条件，并采取措施保障劳动者获得职业卫生保护。工会组织依法对职业病防治工作进行监督，维护劳动者的合法权益。用人单位制定或者修改有关职业病防治的规章制度，应当听取工会组织的意见。 第三十五条规定：对从事接触职业病危害的作业的劳动者，用人单位应当按照国务院安全生产监督管理部门、卫生行政部门的规定组织上岗前、在岗期间和离岗时的职业健康	**查资料：** 1. 职业健康检查记录； 2. 存在职业危害的作业场所的从业人员健康监护档案。 **现场检查：** 存在职业危害的作业场所预防措施落实情况	5	1. 存在职业危害的作业场所防护设施和环境不符合法规及标准规范要求的，一项扣2分； 2. 未对职业危害岗位人员进行上岗前、在岗期间和离岗时的职业健康检查的，每缺少1人扣1分； 3. 未建立从业人员健康监护档案的，每缺一人扣1分	

续上表

评价类目	评价项目		释义	评价方法	标准分值	评价标准	得分
十二、职业健康(20分)	1.健康管理		检查,并将检查结果书面告知劳动者。职业健康检查费用由用人单位承担。 第三十六条规定:用人单位应当为劳动者建立职业健康监护档案,并按照规定的期限妥善保存				
		③企业应按规定对存在或者可能产生职业病危害的工作场所、作业岗位、设备、设施设置警示标识和中文警示说明	《中华人民共和国职业病防治法》第二十四条规定:产生职业病危害的用人单位,应当在醒目位置设置公告栏,公布有关职业病防治的规章制度、操作规程、职业病危害事故应急救援措施和工作场所职业病危害因素检测结果。 对产生严重职业病危害的作业岗位,应当在其醒目位置,设置警示标识和中文警示说明。警示说明应当载明产生职业病危害的种类、后果、预防以及应急救治措施等内容	**现场检查:** 1.职业危害场所现场告知及公示; 2.对存在严重职业危害的作业岗位,按照《工作场所职业病危害警示标识》(GBZ158—2003)的要求,在醒目位置设置警示标志和警示说明	5 AR	1.对存在严重职业危害的作业岗位未设置标志和说明的,不得分;缺少标志和说明的,每处扣0.5分;标志和说明内容(含职业危害的种类、后果、预防以及应急救治措施等)不全的,每处扣0.5分; 2.产生职业病危害的用人单位,未在醒目位置设置公告栏,公布有关职业病防治的规章制度、操作规程、职业病危害事故应急救援措施和工作场所职业病危害因素检测结果的,每处扣0.5分	

续上表

评价类目	评价项目		释　义	评价方法	标准分值	评价标准	得分
十二、职业健康(20分)	2.职业危害申报	企业应按规定及时、如实向当地主管部门申报运营过程中存在的职业病危害因素，并接受其监督	《中华人民共和国职业病防治法》第十六条规定：国家建立职业病危害项目申报制度。用人单位工作场所存在职业病目录所列职业病的危害因素的，应当及时、如实向所在地安全生产监督管理部门申报危害项目，接受监督	**查资料：** 1. 企业在作业场所职业病危害申报与备案管理系统中申报记录； 2. 企业向所在地安全生产监督管理部门申报备案记录	5	1. 存在职业病危害因素的用人单位未进行作业场所职业病危害申报与备案的，不得分； 2. 企业针对主管部门提出的整改措施未进行及时整改的，每项扣2分	
十三、安全文化(30分)	1.安全环境	①设立安全文化廊、安全角、黑板报、宣传栏等员工安全文化阵地	所称“安全文化”是指被企业组织的员工群体所共享的安全价值观、态度、道德和行为规范组成的统一体。加强安全教育基地建设，充分利用电视、互联网、报纸、广播等多种形式和手段普及安全常识，增强全社会科学发展、安全发展的思想意识是每一个企业责任和义务。企业按照《企业安全文化	**查资料：** 安全文化宣传资料。 **现场检查：** 查企业安全文化阵地	5	1. 未设立安全文化廊、安全角、黑板报、宣传栏等员工安全文化阵地的，不得分； 2. 安全文化阵地内容不符合法规要求的，每项扣0.5分	

续上表

评价类目	评价项目		释义	评价方法	标准分值	评价标准	得分
十三、安全文化（30分）	1.安全环境		建设导则》（AQ/T 9004—2008）要求，从思想上、心态上去宣传、教育、引导，不断向员工灌输“以人为本，安全第一”“安全就是效益、安全创造效益”“行为源于认识，预防胜于处罚，责任重于泰山”“安全不是为了别人，而是为了你自己”安全价值观，形成人人重视安全，人人为安全尽责的良好氛围。应从制度上明确企业安全文化宣传的频率，内容和方式，从而促使企业自觉主动开展安全文化创建活动				

续上表

评价类目	评价项目		释　义	评价方法	标准分值	评价标准	得分
十三、安全文化(30分)	1. 安全环境	②公开安全生产举报电话号码、通信地址或者电子邮件信箱。对接到的安全生产举报和投诉及时予以调查和处理,并公开处理结果	加强对安全生产违法违规行为监督管理对于减少和杜绝安全生产"三违"行为有着十分重要意义。企业要充分发挥广大职工的参与作用,依法维护和落实企业职工对安全生产的参与权与监督权,鼓励职工监督举报各类安全隐患,对处理结果要及时公开,起到警示警醒的作用	**查资料:** 1. 安全生产举报投诉及调查管理制度; 2. 安全生产举报投诉登记台账。 **现场检查:** 1. 是否公开安全生产举报、投诉电话号码、通信地址或电子邮箱等安全生产举报投诉渠道; 2. 是否公布了调查处理结果	5 AR	1. 没有公开安全生产举报投诉渠道,扣2分; 2. 对接到的安全生产举报和投诉未及时调查和处理或处理结果未公开的,每次扣0.5分	
	2. 安全行为	①企业应建立包括安全价值观、安全愿景、安全使命和安全目标等在内的安全承诺	本条所称"安全承诺"是指由企业公开做出的、代表了全体员工在关注安全和追求安全绩效方面所具有的稳定意愿及实践行动的明确表示。安全承诺就是兑现落实安全生产责任,并通过公开承诺这种形式约束和规范自身的行为,接受政府、社会和从业人员的监督	**查资料:** 1. 查企业开展安全承诺活动证明资料; 2. 安全生产承诺书。 **询问:** 抽查3~5名员工是否了解安全承诺的内容	5 ★	1. 企业未开展安全承诺活动,扣5分; 2. 未签订安全承诺书,扣1分; 3. 相关人员不了解安全承诺内容的,每人次扣0.5分	

续上表

评价类目	评价项目		释义	评价方法	标准分值	评价标准	得分
十三、安全文化(30分)	2. 安全行为	②企业应结合企业实际编制员工安全知识手册,并发放到职工	编制员工安全知识手册是宣传安全文化的一个重要载体,也是企业规范员工安全行为的一项重要措施,企业应该按照有关规定编制安全知识手册,并发放到每位员工。目的在于让所有从业人员时刻保持安全警钟长鸣,让安全意识常增,让企业发展常安	**查资料:** 1. 企业安全知识手册; 2. 安全知识手册发放记录。 **询问:** 抽查3~5名员工对本岗位相关的安全知识手册内容是否熟悉	5	1. 没有编制手册,不得分; 2. 无发放记录,扣2分; 3. 抽查从业人员,询问人员不了解本岗位相关安全知识手册内容的,每人次扣1分	
		③企业应组织开展安全生产月活动、安全生产班组竞赛活动,有方案、有总结	每年6月我国各大部委都要组织开展安全生产月活动,安全生产月活动及有关安全生产竞赛活动已成为安全生产管理过程中的一项重要活动。通过活动营造安全生产氛围,进一步强化企业安全管理,增强从业人员的安全意识,促进企业安全生产的持续稳定	**查资料:** 1. 企业开展安全生产月活动和安全生产班组竞赛活动的方案; 2. 相关活动记录资料; 3. 相关活动总结材料	5	1. 未制定安全生产月活动、安全生产班组竞赛活动方案的,每项扣1分; 2. 未按方案开展相关活动的,每项扣1分; 3. 未对相关活动进行总结,每项扣2分	

续上表

评价类目	评价项目		释　义	评价方法	标准分值	评价标准	得分
			企业应按国家、有关上级部门和行业主管部门要求，结合企业制度和实际，制定本企业的活动方案，明确指导思想、活动主题、领导组织机构、具体内容和总结上报等活动要求				
十三、安全文化（30分）	2.安全行为	④企业应对安全生产进行检查、评比、考评，总结和交流经验，推广安全生产先进管理方法，对在安全工作中做出显著成绩的集体、个人给予表彰、奖励，并与其经济利益挂钩	对安全生产进行多种形式的检查，有利于企业各部门、基层单位发现和整改安全隐患，通过评比、考评，有利于优秀集体或个人脱颖而出。通过对优秀集体或个人的好的安全管理经验进行总结，一方面使优者将其好的作法和经验进行提升、固化，一方面更有利于其他集体或个人进行学习，促进其安全绩效的不断改进和企业整体安全管理水平的不断提升	**查资料：** 1. 安全生产管理制度； 2. 企业定期总结和交流经验，推广安全生产先进管理方法的证明材料； 3. 奖励表彰的证明文件	5	1. 未定期开展总结和交流经验，推广安全生产先进管理方法活动的，扣2分； 2. 未按规定对安全工作中做出显著成绩的集体、个人给予表彰、奖励的，扣3分	

续上表

评价类目	评价项目		释义	评价方法	标准分值	评价标准	得分
十三、安全文化(30分)	2.安全行为		至少每年对在安全工作中做出显著成绩的集体、个人给予一次表彰和奖励,并与其经济利益挂钩。一方面,对优秀集体和个人的安全管理和安全行为的充分肯定和鼓励,有利于其继续保持良好的作风和传统;另一方面,有利于充分发挥优秀集体和个人的榜样和典范作用				
十四、应急管理(70分)	1.预案制定	①企业应在开展安全风险评估和应急资源调查的基础上,建立生产安全事故应急预案体系,制定符合GB/T 29639—2013规定的生产安全事故应急预案,针对安全风险较大的重点场所(设施)制定现场处置方案,并编制重点岗位、人员应急处置卡	生产安全事故应急救援预案,是指生产经营单位根据本单位的实际情况,针对可能发生的事故的类别、性质、特点和范围等情况制定的事故发生时的组织、技术措施和其他应急措施	**查资料:** 1.安全风险评估和应急资源调查报告; 2.生产安全事故应急预案; 3.现场处置方案及重点岗位、人员的应急处置卡	10 AR	1.未编制安全风险评估和应急资源调查报告,扣1分; 2.生产安全事故应急预案体系不全,每项扣2分; 3.现场处置方案不全,每项扣2分; 4.重点岗位、人员应急处置卡不全,或处置卡信息不完整,每项扣1分	

续上表

评价类目	评价项目		释义	评价方法	标准分值	评价标准	得分
十四、应急管理(70分)	1. 预案制定	②应急预案应与当地政府、行业管理部门预案保持衔接，报当地有关部门备案，通报有关协作单位	根据《企业安全生产标准化基本规范》和《关于进一步加强企业安全生产工作的通知》，企业应急预案应根据有关规定报当地主管部门备案，与当地政府应急预案保持衔接，通报有关应急协作单位，并定期进行演练	**查资料：** 1. 文件：获取的当地政府、行业管理部门的应急预案； 2. 应急预案报当地有关部门备案的记录； 3. 应急预案通报有关协作单位的记录	5	1. 未明确如何将企业突发事件应急预案与行业主管部门、政府预案保持衔接，扣3分； 2. 突发事件应急预案未报备属地行业主管部门和当地政府安全监督管理等部门，扣2分； 3. 未与协作单位联动，扣1分	
		③企业应组织开展应急预案评审或论证，并定期进行评估和修订	根据《企业安全生产标准化基本规范》和《生产安全事故应急预案管理办法》，应急预案应对从业人员进行培训、从业人员应了解综合预案、专业预案的内容，掌握岗位专项处置方案。企业应定期对应急预案评审，并根据评审结果或实际情况的变化进行修订和完善，至少每三年修订一次，预案修订情况应有记录并归档	**查资料：** 1. 应急预案培训计划和培训记录； 2. 应急预案定期评审规定； 3. 应急预案的定期评审记录：包括评审会议签到表、应急预案评审记录等； 4. 应急预案修订相关记录	5 ★★	1. 未将应急预案执行情况纳入企业安全生产标准化定期评审制度，不得分； 2. 未规定对应急预案进行定期评审，不得分； 3. 未根据评审情况对预案进行修改完善，扣3分； 4. 查相关记录，应急预案修订未向事先报备或通报的单位或部门报告，扣2分	

续上表

评价类目	评价项目		释义	评价方法	标准分值	评价标准	得分
十四、应急管理(70分)	2.应急队伍	①企业应按照有关规定建立应急管理组织机构或指定专人负责应急管理工作,建立与本企业安全生产特点相适应的专(兼)职应急救援队伍	《企业安全生产标准化基本规范》规定:企业应按照有关规定建立应急管理组织机构或指定专人负责应急管理工作,建立与本企业安全生产特点相适应的专(兼)职应急救援队伍	**查资料:** 1.建立应急管理组织机构或专兼职应急救援队伍的文件; 2.应急救援队伍职责; 3.应急救援人员名单。 **询问:** 3~5名应急救援人员联系方式并验证	5	1.未明确相应的专兼职应急救援队伍的组成、职责,扣5分; 2.未汇编应急救援人员的岗位、姓名、联系方式,扣3分; 3.按应急救援人员名单,抽查3~5名,联系方式等信息不准确,扣2分	
		②企业应组织应急救援人员日常训练	为提高应急救援队伍的应急处置能力和应急救援技能,应定期组织应急救援人员进行应急训练	**查资料:** 1.应急救援人员日常训练计划; 2.应急救援人员日常训练记录,包括签到表、训练记录、训练效果评价记录	5	1.未制定应急救援人员日常训练计划,扣5分,内容不完善,扣1~2分; 2.未按计划组织应急救援人员训练,扣3分; 3.应急救援人员日常训练记录不完整,每缺1项,扣1分	

续上表

<table>
<tr><th>评价类目</th><th colspan="2">评价项目</th><th>释义</th><th>评价方法</th><th>标准分值</th><th>评价标准</th><th>得分</th></tr>
<tr><td rowspan="2">十四、应急管理（70分）</td><td rowspan="2">3. 应急物资</td><td>①企业应根据可能发生的事故种类特点，按照有关规定设置应急设施，配备应急装备，储备应急物资</td><td>应急装备是指用于应急管理与应急救援的工具、器材、服装、技术力量等。
《企业安全生产标准化基本规范》规定：企业应根据可能发生的事故种类特点，按照有关规定设置应急设施，配备应急装备，储备应急物资，建立管理台账，安排专人管理，并定期检查、维护，确保其完好、可靠</td><td>查资料：
1. 公司应急物资/设施台账；
2. 应急物资购置、更新、发放台账。
现场检查：
救援应急物资、装备的储备场所；配备应急物资/装备的种类、数量</td><td>5
AR</td><td>1. 未按规定配备相应的救援应急物资和装备，扣5分；
2. 未及时配置和更新应急物资，每缺少一项扣0.5分</td><td></td></tr>
<tr><td>②企业应建立管理台账，安排专人管理，并定期检查、维护，确保其完好、可靠</td><td>《生产安全事故应急预案管理办法》规定：生产经营单位应当按照应急预案的规定，落实应急指挥体系、应急救援队伍、应急物资及装备，建立应急物资、装备配备及其使用档案，并对应急物资、装备进行定期检测和维护，使其处于适用状态</td><td>查资料：
1. 应急物资购置、更新、发放台账；
2. 应急物资/装备定期检测、维护和保养记录。
现场检查：
应急装备的使用状态</td><td>5</td><td>1. 未建立应急装备维护、检查检测、使用状况的台账和档案，扣3分，记录不详细，扣1分；
2. 现场查看，按规定对应急装备进行日常维护和检查，应急装备状态不良，每个扣1分</td><td></td></tr>
</table>

续上表

评价类目	评价项目		释义	评价方法	标准分值	评价标准	得分
十四、应急管理(70分)	4. 应急演练	①企业应按照AQ/T 9007—2011的规定定期组织公司(厂)、车间(工段、区、队、船、项目部)、班组开展生产安全事故应急演练,做到一线从业人员参与应急演练全覆盖	应急预案演练是指针对可能发生的事故、按照应急预案规定的程序和要求所进行的程序化模拟训练演练。 《生产安全事故应急预案管理办法》规定,生产经营单位应当制定本单位的应急预案演练计划,根据本单位的事故风险特点,每年至少组织一次专项应急预案演练,每半年至少组织一次现场处置方案演练	**查资料:** 1. 应急预案演练计划; 2. 应急预案演练记录,包括应急预案演练通知、演练方案、演练签到表、演练记录及影像资料	10 ★★	1. 应按规定制定应急预案演练计划,并印发; 2. 应按计划开展应急演练,并保留应急演练记录;应急演练记录,应完整、齐全、真实	
		②企业应按照AQ/T 9009—2015的规定对演练进行总结和评估,根据评估结论和演练发现的问题,修订、完善应急预案,改进应急准备工作	《生产安全事故应急预案管理办法》规定,应急预案演练结束后,应急预案演练组织单位应当对应急预案演练效果进行评估,撰写应急预案演练评估报告,分析存在的问题,并对应急预案提出修订意见	**查资料:** 1. 应急演练总结和评估的规定(明确责任人和要求); 2. 应急演练总结、评审记录、评审报告; 3. 演练发现问题的分析整改资料; 4. 应急预案修订相关资料	5	1. 未明确应急演练效果评审的责任人和要求,扣2分; 2. 未及时编写评审报告,扣5分;评审报告内容不完善,扣1~2分; 3. 评审提出的问题的分析整改资料不完善,扣2分; 4. 未针对存在的问题,对应急预案提出修订意见,并及时修订,扣3分	

续上表

评价类目	评价项目		释义	评价方法	标准分值	评价标准	得分
十四、应急管理(70分)	5. 应急处置	发生事故后,企业应根据预案要求,立即启动应急响应程序,按照有关规定报告事故情况,并开展先期处置	《生产安全事故应急预案管理办法》规定:生产经营单位发生事故时,应当第一时间启动应急响应,组织有关力量进行救援,并按照规定将事故信息及应急响应启动情况报告事故发生地县级以上人民政府应急管理部门和其他负有安全生产监督管理职责的部门	**查资料:** 1. 事故台账; 2. 事故调查处理报告	5	1. 未发生过事故的,本项得满分; 2. 接到事故信息后,未按规定及时启动应急预案,并实施现场应急救援,扣5分; 3. 应急预案不能起到快速反应,迅速处置,避免人员伤亡、减少财产损失、降低环境污染程度,扣3分; 4. 未按规定向有关部门报告事故情况,扣3分	
	6. 应急评估	①企业应对应急准备、应急处置工作进行评估	应急准备评估是对政府、生产经营单位的应急管理机构、应急预案编制、应急培训、应急演练、应急队伍、应急资源等进行评估,以确保其具备相应的应急准备能力、保存其持续改进机制,并形成书面报告的活动	**查资料:** 1. 应急准备、应急处置评估管理规定; 2. 应急准备、应急处置评估计划,可包括动态评估、静态评估	5 ★	1. 未制定应急准备、应急处置评估相关规定,扣2分; 2. 未按计划开展应急准备、应急处置评估,评估报告内容不全,扣1~3分	

续上表

评价类目	评价项目		释义	评价方法	标准分值	评价标准	得分
十四、应急管理(70分)	6. 应急评估			3. 应急准备、应急处置评估记录、评估报告； 4. 评估发现问题的整改、落实资料		3. 应急准备、应急处置评估记录、问题整改记录等,不全,缺1项,扣0.5分	
		②运输、储存危险物品或处置废弃危险物品的企业,应每年进行一次应急准备评估	安全生产应急准备评估指南中要求被评估单位至少每年组织一次安全生产应急准备评估,所编制的评估报告应针对评估过程中发现的问题制定整改措施,并组织落实	**查资料**： 1. 年度应急准备评估计划； 2. 年度应急准备评估记录、评估报告； 3. 评估发现问题、整改措施及落实资料	3	1. 未制定年度应急准备评估计划,扣1分； 2. 未按计划安排组织应急准备评估,扣3分； 3. 评估记录、评估报告、评估问题的整改资料不完整,扣1~2分	
		③完成险情或事故应急处置后,企业应主动配合有关组织开展应急处置评估	为了掌握公司应对险情或生产安全事故的情况,对公司应急能力进行评估,找出应急准备、应急处置的薄弱环节,制定相应的措施加强应急能力	**查资料**： 发生险情或事故,采取应急处置措施后,进行应急处置评估的相关资料	2	1. 完成事故应急处置后,企业未配合有组织开展应急处置评估,不得分； 2. 完成事故应急处置后,企业配合有组织开展应急处置评估,未保留评估报告,扣1分	

续上表

评价类目	评价项目		释义	评价方法	标准分值	评价标准	得分
十五、事故报告调查处理(45分)	1. 事故报告	①企业应建立事故报告程序,明确事故内外部报告的责任人、时限、内容等,并教育、指导从业人员严格按照有关规定的程序报告发生的生产安全事故	企业应按照《生产安全事故报告和调查处理条例》规定,事故发生后,事故现场有关人员应当立即向本单位负责人报告;单位负责人接到报告后,应当于1h内向事故发生地县级以上人民政府安全生产监督管理部门和负有安全生产监督管理职责的有关部门报告	**查资料:** 1. 事故报告程序的规定; 2. 事故报告	5	1. 事故报告程序规定的内容不够充分、完整,扣3分; 2. 未按事故报告程序的规定,发生事故后,按要求进行内外部报告,扣5分; 3. 事故报告过程的资料保留不全,扣1~2分	
		②发生事故,企业应及时进行事故现场处置,按相关规定及时、如实向有关部门报告,没有瞒报、谎报、迟报情况。并应跟踪事故发展情况,及时续报事故信息	企业必须在及时妥善应对处置事故同时,严格按照规定上报事故情况。 "迟报"是指报告事故的时间超过规定时限; "漏报"是指因过失对应当上报的事故或者事故发生的时间、地点、类别、伤亡人数、直接经济损失等内容遗漏未报;	**查资料:** 1. 安全生产事故报告的规定; 2. 事故记录、台账等; 3. 事故报告	5 ★★	1. 制定安全生产事故报告的规定,责任明确、内容完善、满足规定要求; 2. 事故发生后,现场负责人应迅速采取有效措施,组织抢救,防止事故扩大,减少人员伤亡和财产损失	

续上表

评价类目	评价项目		释义	评价方法	标准分值	评价标准	得分
十五、事故报告调查处理(45分)	1. 事故报告		“谎报”是指故意不如实报告事故发生的时间、地点、类别、伤亡人数、直接经济损失等有关内容; “瞒报”是指故意隐瞒已经发生的事故,并经有关部门查证属实			3. 及时、准确、如实向有关部门报告,没有瞒报、谎报、迟报情况; 4. 事故报告应包括下列内容:事故发生概况;事故发生时间、地点以及事故现场情况;事故简要经过;事故已造成或者可能造成的伤亡人数(包括失踪的人数);水域环境污染情况下初步估计的直接经济损失;已经采取的措施等	
		③企业应跟踪事故发展情况,及时续报事故信息	《生产安全事故报告和调查处理条例》规定:事故报告后出现新情况的,应当及时补报	**查资料:** 1. 安全生产事故报告的规定; 2. 续报事故信息相关记录	5	1. 未明确及时续报事故信息要求,扣3分; 2. 续报事故信息未保留记录,扣2分,记录不完整,扣1~2分	

续上表

评价类目	评价项目		释　义	评价方法	标准分值	评价标准	得分
十五、事故报告调查处理(45分)	2. 事故调查处理	①企业应建立内部事故调查和处理制度，按照有关规定、行业标准和国际通行做法，将造成人员伤亡(轻伤、重伤、死亡等人身伤害和急性中毒)和财产损失的事故纳入事故调查和处理范畴	按照有关规定、行业标准和国际通行做法，将造成人员伤亡(轻伤、重伤、死亡等人身伤害和急性中毒)和财产损失的事故纳入事故调查和处理范畴	**查资料：** 1. 事故调查和处理制度； 2. 事故台账及事故调查处理资料	5	1. 未制定事故调查和处理制度，扣5分； 2. 事故调查和处理制度规定不合理、不完善等，扣1～3分； 3. 未按规定将造成人员伤亡(轻伤、重伤、死亡等人身伤害和急性中毒)和财产损失的事故进行调查和处理的，扣3分； 4. 事故调查和处理资料不全，扣1～2分	
		②企业应积极配合各级人民政府组织的事故调查，随时接受事故调查组的询问，如实提供有关情况	发生事故后，配合上级部门的事故调查是企业法定责任和义务。企业按照《生产安全事故报告和调查处理条例》配合上级部门，事故调查时应及时如实提供有关情况	**查资料：** 1. 事故调查规定； 2. 事故报告调查处理资料	5	1. 未制定事故调查的相关规定，扣5分；规定中相关职责不明确，内容操作性差，扣1～2分； 2. 查事故调查台账，未按规定成立事故调查组进行内部调查，扣2分；未积极配合事故调查及如实提供有关情况，扣2分	

续上表

评价类目	评价项目		释义	评价方法	标准分值	评价标准	得分
十五、事故报告调查处理(45分)	2. 事故调查处理	③企业应按时提交事故调查报告,分析事故原因,落实整改措施	《生产安全事故报告和调查处理条例》规定:事故报告后出现新情况的,应当及时补报	**查资料:** 1. 事故报告调查相关规定; 2. 事故调查报告; 3. 事故原因分析及整改措施资料	5	1. 事故报告调查规定的内容不充分,扣1~2分; 2. 企业未及时上报事故调查报告,扣2分; 3. 未进行事故原因分析,落实整改措施扣3分	
		④发生事故后,企业应及时组织事故分析,并在企业内部进行通报。并应按时提交事故调查报告,分析事故原因,落实整改措施	发生事故后,企业有义务按照“四不放过”原则对事故发生的原因进行分析,分析事故的直接、间接原因和事故责任,提出整改措施和处理建议	**查资料:** 1. 事故责任调查分析制度; 2. 事故调查报告或事故责任调查档案; 3. 事故原因分析、整改措施及落实相关记录	5	1. 未制定事故责任调查分析制度,扣5分;制度不完善,扣2分; 2. 针对已发生的事故,未及时召开安全生产分析通报会,扣2分; 3. 未及时对事故当事人进行各环节、全过程责任倒查及处理,扣2分	

续上表

评价类目	评价项目		释　　义	评价方法	标准分值	评价标准	得分
十五、事故报告调查处理(45分)	2. 事故调查处理	⑤企业应按“四不放过”原则严肃查处事故，严格追究责任领导和相关责任人。处理结果报上级主管部门备案	查事故档案和事故调查相关记录，看企业按照“四不放过”(事故原因未查清不放过，责任人员未处理不放过，整改措施未落实不放过，有关人员未受到教育不放过)原则进行整改情况	**查资料：** 1. 安全生产事故责任追究办法； 2. 事故责任追究记录/档案； 3. 事故追责处理结果报上级主管部门备案的资料	5 ★	1. 制定完善的安全生产事故责任追究办法，且印发实施；未制定扣5分，未发放扣1分； 2. 针对已经发生的安全生产事故，按“四不放过”原则对责任领导和相关责任人实施责任追究和处理；追责处理不到位的，扣1～3分； 3. 处理结果按规定报有关主管部门备案，未报有关部门备案，扣3分	
	3. 事故档案管理	企业应建立事故档案和管理台账，将承包人、供应商等相关方在企业内部发生的事故纳入本企业事故管理	《交通运输企业安全生产标准化建设基本规范》中规定：企业应建立事故档案和管理台账，将承包人、供应商等相关方在企业内部发生的事故纳入本企业事故管理	**查资料：** 1. 承包人、供应商等相关方安全事故管理规定； 2. 事故档案和事故管理台账	5	1. 未制定承包人、供应商等相关方安全事故管理规定，扣5分；内容不充分，扣1～3分； 2. 未按规定对承包人、供应商等相关方安全生产事故进行管理，扣3分	

续上表

评价类目	评价项目		释义	评价方法	标准分值	评价标准	得分
十五、事故报告调查处理(45分)	3.事故档案管理			3.承包人、供应商等相关方事故调查处理资料		3.事故调查处理资料不完整,扣1~2分; 4.承包人、供应商等相关方事故档案和管理台账不全,有1处,扣1分	
十六、绩效评定与持续改进(30分)	1.绩效评定	①企业应每年至少一次对本单位安全生产标准化的运行情况进行自评,验证各项安全生产制度措施的适宜性、充分性和有效性	企业应按要求每年至少一次全面、系统地与本标准逐条、逐项进行判断和对比、打分、综合分析对本单位安全生产标准化的实施情况进行评定,验证各项安全生产制度措施的适宜性、充分性和有效性,总结安全生产工作现状,查找问题,持续改进	**查资料:** 1.安全生产标准化自评管理规定; 2.查开展自评活动的记录、报告等	10	1.未建立安全生产标准化自评管理制度的,扣5分; 2.自评活动的策划、实施、总结、报告等不符合要求的,每处扣2分	

续上表

评价类目	评价项目		释义	评价方法	标准分值	评价标准	得分
十六、绩效评定与持续改进(30分)	1.绩效评定	②企业主要负责人应全面负责自评工作。自评应形成正式文件,并将结果向所有部门、所属单位和从业人员通报,作为年度考评的重要依据	安全生产标准化自评工作应由企业主要负责人组织实施,自评结果要经主要负责人确认后向所有部门、所属单位和从业人员通报,并将结果作为年度评价的重要依据。自评报告内容应包含《交通运输企业安全生产标准化建设评价管理办法》中要求的全部内容	**查资料:** 1.查主要负责人组织实施自评工作的证明材料; 2.查安全生产标准化自评报告; 3.查自评报告向所有部门、所属单位和从业人员通报的证明材料	10	1.未提供主要负责人组织实施自评工作的证明材料,扣6分; 2.自评报告内容或自评范围不完整的,每处扣2分; 3.自评报告未向所有部门、所属单位和从业人员通报的,扣5分	
	2.持续改进	企业应根据安全生产标准化管理体系的自评结果和安全生产预测预警系统所反映的趋势,以及绩效评定情况,客观分析企业安全生产标准化管理体系的运行质量,及时调整完善安全生产目	企业安全管理体系是指企业内部全部管理体系中专门管理安全工作的部分,包括为制定、实施、实现、评审和保持安全方针、目标所需的组织机构、职责、惯例、程序、过程和资源。 企业应制定安全生产标准化管理综合评价与改进制度,明确综合评价改进责任部门和相关责任人	**查资料:** 1.安全管理体系综合评价与改进制度; 2.查安全生产标准化管理综合评价与改进制度落实文件	10	1.未制定安全管理体系综合评价与改进制度,扣5分; 2.未按要求对安全生产标准化管理体系进行综合评价分析,扣5分	

续上表

评价类目	评价项目		释义	评价方法	标准分值	评价标准	得分
十六、绩效评定与持续改进(30分)	2.持续改进	标、指标、规章制度、操作规程等相关管理文件和过程管控，持续改进，不断提高安全生产绩效	综合评价与改进的内容应包括与企业安全生产工作有关事项，至少包括标准化自评结果，安全生产预测预警系统所反映的趋势，以及绩效评定情况，一般通过会议形式进行，由企业安全生产第一责任人主持，各相关部门分别提供有关年度分析报告，制度还应明确会议计划制定与印发、会议材料准备、会议记录、综合评价与改进报告、发现问题的处理等责任人和主要内容。 安全生产标准化管理综合评价与改进工作，一般安排在年度自评以后，对考评情况进行综合分析评定。 在每年安全生产标准化管理综合评价与改进后，全面综合分析企业安全生产标准化管理	3.查综合评价与改进过程中发现问题的整改材料； 4.查相关机构颁发的管理体系认证证书		3.未对评价分析出的问题提出整改措施并组织实施的，每项扣2分； 4.未取得有效的管理体系认证证书，扣5分	

续上表

评价类目	评价项目		释义	评价方法	标准分值	评价标准	得分
十六、绩效评定与持续改进(30分)	2.持续改进		工作,着眼长效,运用系统化和标准化管理的原理,完善各项安全生产目标指标、管理制度、操作规程等文件和控制过程,形成企业安全生产管理体系,以持续改进,不断提高安全生产绩效		10		

评分说明:

1.“★”为一级必备条件;“★★”为一、二级必备条件;“★★★”为一、二、三级必备条件,即所有一级企业必须满足一、二、三星要求,二级企业需满足二、三星要求,三级企业需满足三星要求。

2.除满足上述星项要求外,带有标注“AR”(Additional requirements的意思)的项目执行限制扣分要求,申请一级的企业该项目扣分分值不得超过该项分值的10%,申请二级的企业该项目扣分分值不得超过该项分值的25%,申请三级的企业该项目扣分分值不得超过该项分值的40%,所有“★”项,二、三级企业按照“AR”项要求执行,所有“★★”项,三级企业按照“AR”项要求执行,所有评分项目中存在一项超过上述扣分要求的为达标建设不合格。

3.所有指标中要求的内容,如评审企业不涉及此项工作或当地主管机关未要求开展的,视为不涉及项处理,所得总分按照千分制比例进行换算。如:某企业不涉及项分数为100分,对照千分表去除不涉及项得分为720分,则最终评价得分为720/900×1000=800分。

第二章　公路隧道运营企业安全生产标准化评价扣分表

评价类目	评 价 项 目	标准分值	得分
一、目标与考核（30分）	①企业应结合实际制定安全生产目标。安全生产目标应： a. 符合或严于相关法律法规的要求； b. 形成文件，并得到本企业所有从业人员的贯彻和实施； c. 与企业的职业安全健康风险相适应； d. 具有可考核性，体现企业持续改进的承诺； e. 便于企业员工及相关方获得	5 ★★	
	②企业应根据安全生产目标制定可考核的安全生产工作指标，指标应不低于上级下达的目标	5 AR	
	③企业应制定实现安全生产目标和工作指标的措施	5	
	④企业应制定安全生产年度计划和专项活动方案，并严格执行	5	
	⑤企业应将安全生产工作指标进行细化和分解，制定阶段性的安全生产控制指标，并予以考核	5	
	⑥企业应建立安全生产目标考核与奖惩的相关制度，并定期对安全生产目标完成情况予以考核与奖惩	5	

续上表

评价类目	评价项目		标准分值	得分
二、管理机构和人员(35分)	1.安全生产管理机构	①企业应建立以企业主要负责人为领导的安全生产委员会(或安全生产领导小组),并应职责明确。应建立健全从安全生产委员会(或安全生产领导小组)至基层班组的安全生产管理网络	10 ★★	
		②企业应按规定设置与企业规模相适应的安全生产管理机构	5 ★★	
		③企业应定期召开安全生产委员会或安全生产领导小组会议。安全生产管理机构或下属分支机构每月至少召开一次安全工作例会	5 AR	
	2.安全管理人员	①企业应按规定配备专(兼)职安全生产和应急管理人员	10 ★★	
		②企业的主要负责人和安全生产管理人员应具备与本企业所从事的生产经营活动相适应的安全生产和职业卫生知识与能力,并保持安全生产管理人员的相对稳定	5	
三、安全责任体系(40分)	1.健全责任制	①企业应建立安全生产责任制,明确安全生产委员会(或安全生产领导小组)、安全生产管理机构、各职能部门、生产基层单位的安全生产职责,层层签订安全生产责任书,并落实到位	10 AR	
		②企业主要负责人或实际控制人是本企业安全生产第一责任人,对本企业安全生产工作全面负责,负全面组织领导、管理责任和法律责任,并履行安全生产的责任和义务	5 ★★	
		③分管安全生产的企业负责人是安全生产的重要负责人,应协助企业安全生产第一责任人落实各项安全生产法律法规、标准规范,统筹协调和综合管理企业的安全生产工作,对本企业安全生产负重要管理责任	5	
		④其他负责人及员工实行"一岗双责",对业务范围内的安全生产工作负责	10	

续上表

评价类目	评价项目		标准分值	得分
三、安全责任体系(40分)	2.责任制考评	企业应根据安全生产责任进行定期考核和奖惩,并公布考评结果和奖惩情况	10 ★★	
四、资质、法律法规与安全生产管理制度(60分)	1.资质	企业的《企业法人营业执照》资质证书应合法有效,经营范围应符合要求	5 ★★	
	2.法律法规及标准规范	①企业应制定及时识别、获取适用的安全生产法律法规、标准规范及其他要求的管理制度,明确责任部门,建立清单和文本(或电子)档案,并定期发布	5	
		②企业应及时对从业人员进行适用的安全生产法律法规、规范标准宣贯,并根据法规标准和相关要求及时制修订本企业安全生产管理制度	5	
	3.安全管理制度	①企业应制定安全生产与职业卫生管理制度	5	
		②企业制定的安全生产管理制度应符合国家现行的法律法规的要求	5	
		③企业应组织从业人员进行安全生产管理制度的学习和培训	5	

续上表

<table>
<tr><th>评价类目</th><th colspan="2">评 价 项 目</th><th>标准分值</th><th>得分</th></tr>
<tr><td rowspan="7">四、资质、法律法规与安全生产管理制度(60分)</td><td rowspan="3">4.操作规程</td><td>①企业应制定各岗位和设备操作规程,操作规程应满足国家和行业相关标准规范的要求</td><td>5
★★</td><td></td></tr>
<tr><td>②企业应在新技术、新材料、新工艺、新设备设施投产或投用前,组织编制相应的操作规程,保证其适用性</td><td>5</td><td></td></tr>
<tr><td>③企业应及时将操作规程发放到相关岗位,组织对从业人员进行操作规程的培训</td><td>5</td><td></td></tr>
<tr><td>5.修订</td><td>企业应定期对安全管理制度和操作规程进行评审,并根据评审结论及时进行修订,确保其有效性、适应性和符合性。在发生以下情况时,应及时对相关的管理制度或操作规程进行评审、修订:
a. 国家相关法律、法规、规程、标准废止、修订或新颁布;
b. 企业归属、体制、规模发生重大变化;
c. 生产设施新建、改建、扩建规模、作业环境已发生重大改变;
d. 设备设施发生变更;
e. 作业工艺、危险有害特性发生变化;
f. 政府相关行政部门提出整改意见;
g. 安全评价、风险评估、体系认证、分析事故原因、安全检查发现涉及规章制度、操作规程的问题;
h. 其他相关事项</td><td>5</td><td></td></tr>
<tr><td rowspan="2">6.制度执行及档案管理</td><td>①企业每年至少一次对安全生产法律法规、标准规范、规章制度、操作规程的执行情况进行检查</td><td>5</td><td></td></tr>
<tr><td>②企业应建立和完善各类台账和档案,并按要求及时报送有关资料和信息</td><td>5
AR</td><td></td></tr>
</table>

续上表

<table>
<tr><th>评价类目</th><th colspan="2">评　价　项　目</th><th>标准分值</th><th>得分</th></tr>
<tr><td rowspan="6">五、安全投入（40分）</td><td rowspan="4">1.资金投入</td><td>①企业应按照不低于营业收入的1.5%或隧道管养费用的15%足额提取安全生产费用</td><td>10
★★</td><td></td></tr>
<tr><td>②安全生产经费应专款专用，企业应保证安全生产投入的有效实施</td><td>10</td><td></td></tr>
<tr><td>③企业应及时投入满足安全生产条件的所需资金</td><td>5
AR</td><td></td></tr>
<tr><td>④企业宜投保安全生产责任保险或符合法律法规要求的安全保障金</td><td>5</td><td></td></tr>
<tr><td rowspan="2">2.费用管理</td><td>①企业应建立安全生产费用台账</td><td>5</td><td></td></tr>
<tr><td>②企业应跟踪、监督安全生产费用使用情况。企业安全生产费用应按照“企业提取、政府监管、确保需要、规范使用”的原则进行管理，安全生产费用应按照以下范围使用：
a.完善、改造和维护安全防护设备设施支出（不含“三同时”要求初期投入的安全设施），包括交通运输设备设施和装卸工具安全状况检测及维护系统、运输设备设施和装卸工具附属安全设备等支出；
b.配备、维护应急救援器材、设备支出和应急演练支出；
c.开展重大危险源和事故隐患评估、监控和整改支出；
——安全生产检查、评价（不包括新建、改建、扩建项目安全评价）、咨询和标准化建设支出；
d.配备和更新现场作业人员安全防护用品支出；
e.安全生产宣传、教育、培训支出；
f.安全生产适用的新技术、新标准、新工艺、新装备的推广应用支出；
g.安全设施及特种设备检测检验支出；
h.其他与安全生产直接相关的支出</td><td>5</td><td></td></tr>
</table>

续上表

评价类目	评价项目		标准分值	得分
六、设备设施(200分)	1.一般要求	①企业应制定设备设施管理制度,定期进行巡检和维护保养,保证其安全运行;应设专人负责管理各种安全设施,以及检测与监测设备,建立台账,定期检查维护	15	
		②企业应落实日常检维修和定期检维修管理,对于年度维修计划,应落实“五定”原则,即定检修方案、定检修人员、定安全措施、定检修质量、定检修进度。检维修方案应包含作业风险分析、控制措施及应急处置措施。检维修过程中应执行风险控制措施并进行监督检查,检维修后应进行安全确认	10	
		③设备的改造、拆除和报废,应符合有关法律法规、标准规范的要求	5	
		④拆除的设备设施涉及危险物品的应合规处置。安全设施不得随意拆除、挪用或弃置不用;确因检维修拆除的,应采取临时安全措施,检维修完毕后立即复原	5	
	2.土建结构	①企业应对土建结构进行技术状况评定,评定分类应达到1类或2类,隧道结构、路面、衬砌、洞口、通道等土建设施应满足安全通行的要求;并对隧道安全保护区进行定期巡查,及时制止或报告可能危害隧道土建结构的行为	15 AR	
		②隧道(水下)水泵、启动控制系统、排水管道、排水沟、蓄水池等排水设施应具备恶劣天气下客水涌入的排水功能,满足隧道排水的要求,确保路面、设备用房等不积水	10	
	3.机电设备	①隧道射流风机、轴流风机、离心风机及其配套的风塔、风机房等通风设施的风速、推力、功率、噪声及防护等主要性能指标应符合通风分项技术养护评定标准,满足隧道内通风换气和火灾状态下排烟的要求	10 ★★	
		②隧道区域的灯具、洞外路灯、照明线路、照明控制柜等照明设施应满足隧道各段行车照明的要求	10	
		③隧道中央控制室、亮度检测器、能见度检测器、CO检测器、风速风向检测器、车辆检测器、闭路电视监控系统、紧急电话及广播、车道控制标志、信息处理设施以及监控软件 等监控与通信设施和软件具备监视隧道运营状态、设备运转情况及控制相关设备运转的功能,满足隧道内交通监控、统一调度指挥的安全要求	10 ★★	

续上表

评价类目	评价项目		标准分值	得分
六、设备设施(200分)	3.机电设备	④隧道火灾报警设施、灭火设施、电光标志、横通道防火卷帘、疏散通道以及隧道内重要部位的自动灭火系统等消防设施应满足预防隧道火灾和紧急情况下疏散和必要救援的要求	10★	
		⑤隧道供电电力负荷、电压、变压器等应满足正常和紧急情况下的供电需求;电动机、水泵和开关箱等用电设备以及配电箱、柜的防护等级满足防火防爆、防尘、防腐蚀的要求	10 AR	
		⑥隧道内不间断电源装置(UPS)和应急电源装置(EPS)应确保重要部位和设施的用电需要;电力监控系统继电保护、自动装置设计和双电源自动投入装置应符合技术要求和相关规定	10★	
		⑦接地与防雷设施应根据被保护设施的特点,综合采取接闪、分流、均压、屏蔽、合理布线和共用接地等防护措施,满足安全供电的要求	10	
		⑧隧道内配电室、变压器室及备用发电机房的室内外装置的安全净距、耐火等级、消防配备、防渗水、除湿、防尘、通风以及封堵电缆孔洞、安装防鼠板、悬挂标识标志等措施应满足安全供电的要求	10	
	4.附属设施	①隧道交通标志、标线、轮廓标等交通安全设施应符合JTG-D70/2、JTG D81、JTG D82等的要求,相关标准未规定的交通安全设施应根据隧道所在的路网和实际安全需要确定。存在危险、有害因素的场所和设备设施,应设置明显的安全防护设施或安全警示标志,告知危险种类、后果及应急措施,设备设施检修、施工等作业现场应设置警戒区域和警示标志	20 AR	
		②隧道进出口减光设施、服务(联络)隧道、交通(收费)卡口设施、设备洞室、限高架以及电缆沟、洞口绿化、雕塑、管理用房等其他工程设施应满足消除黑白效应和通行安全的要求	10	
	5.电气安全管理	①企业应严格执行停、送电管理、电力倒闸操作、带电维修养护、临时用电等作业的安全规定	5	
		②电气检测工具、防护器材应保持安全有效	5	

续上表

评价类目		评价项目	标准分值	得分
六、设备设施(200分)	6.特种强检设备管理	①公路隧道区域内特种设备应规定具备产品合格证、使用登记证、法定定期检测报告、齐全有效的安全装置	5 ★★	
		②公路隧道区域内的接地与防雷设施应定期进行检测	5 ★★	
		③用于隧道安全监视和测量的设备应满足国家有关的规定	5 AR	
		④用于公路隧道巡查、清洁、维护、施救等的机动车辆应定期进行检测	5 ★★	
七、科技创新与信息化(30分)	1.科技创新及应用	①积极将科技成果应用在隧道安全管理当中,提倡在隧道交通事故预防预警、防治控制、抢险处置等方面的创新,积极开展安全生产科技攻关或课题研究。应用现代化科技手段,提升安全管理水平	10	
		②积极应用安全性能可靠、先进适用的新技术、新工艺、新设备和新材料	5	
	2.科技信息化	①按相关要求和隧道实际开展科技信息化、安全监控平台等系统的建设	10	
		②建立健全安全监管信息化设施设备和软件的安全管理制度,保证安全监管信息系统的安全	5	

续上表

评价类目	评价项目		标准分值	得分
八、教育培训(90分)	1.培训管理	①企业应按规定开展安全教育和培训,明确安全教育和培训目标、内容和要求,定期识别安全教育和培训需求,制定并实施安全教育和培训计划	5	
		②企业应组织安全教育和培训,保证安全教育和培训所需人员、资金和设施	5	
		③企业应做好安全教育和培训记录,建立从业人员安全教育和培训档案	10 AR	
		④企业应组织对培训效果的后评估,改进提高培训质量	5	
	2.资格培训	①企业的特种设备作业人员应按有关规定参加安全教育和培训,取得《特种设备作业人员证》后,方可从事相应的特种设备作业或者管理工作,并按规定定期进行复审	10 ★★	
		②企业的特种作业人员应经专门的安全技术培训并考核合格,取得《中华人民共和国特种作业操作证》后,方可上岗作业,并按规定定期进行复审。离开特种作业岗位6个月以上的特种作业人员,应重新进行实际操作考试,经确认合格后方可上岗作业	10 AR	
	3.宣传教育	企业应组织开展安全生产的法律、法规和安全生产知识的宣传、教育	5	
	4.从业人员培训	①未经安全生产培训合格的从业人员,不得上岗作业	5	
		②从业人员应每年接受再培训,培训时间不得少于规定学时	5	
		③对离岗一年重新上岗、转换工作岗位的人员,应进行岗前培训。培训内容应包括安全法律法规、安全管理制度、岗位操作规程、风险和危害告知等,与新岗位安全生产要求相符合	5	

续上表

评价类目	评价项目		标准分值	得分
八、教育培训（90分）	4.从业人员培训	④应对新员工进行三级安全教育和培训，经考核合格后，方可上岗。培训时间不得少于规定学时	10 AR	
		⑤企业使用被派遣劳动者的，应纳入本企业从业人员统一管理，进行岗位安全操作规程和安全操作技能的教育和培训	5	
		⑥应在新技术、新设备投入使用前，对管理和操作人员进行专项培训	5	
	5.规范档案	企业应当建立安全生产教育和培训档案，如实记录安全生产教育和培训的时间、内容、参加人员以及考核结果等情况	5	
九、运营管理（170分）	1.运营监控	①企业应建立运营控制中心，合理设置控制中心岗位，明确各岗位职责、制定运营指挥、调度、作业程序，随时根据隧道内交通状况、机电设施运行情况进行调节，满足在正常、异常情况下的安全运行	15	
		②企业运营控制中心应通过对隧道内空气质量、照明、排水、交通诱导设施等的动态监测与控制，满足隧道通行环境的要求	15 AR	
	2.作业安全管理	①高处作业、吊装作业、动火作业、受限空间、动土作业（含病害处治）、临时用电作业、隧道内占道作业等实施许可管理，安排专人进行现场安全管理，确保施工过程中的安全措施落实	10 AR	
		②企业应按照少占空间、防护合理、选择时段、减少对行车的影响等原则制定隧道内作业前、中、后的交通组织和防护方案并严格落实	10	
		③企业应严格执行操作规程和安全管理制度，制止和纠正违章指挥、违章操作、违反劳动纪律的行为	10 AR	

续上表

评价类目	评价项目		标准分值	得分
九、运营管理(170分)	3.安全值班交通巡查管理	①企业应制定并落实安全值班制度,重要时期、恶劣天气实行领导到岗带班,值班领导及人员应明确职责和紧急事件处置流程	10★	
		②企业应制定并落实交通安全巡查制度,对巡查内容、时间、频次以及路线等应有明确的规定	15	
	4.隧道交通控制(站)口管理	企业应制定隧道交通控制(站)口管理制度,明确管理范围,对范围内的车辆、人员及隧道通行等情况进行管理	10	
	5.交通事件的管理	①企业应制定交通事件的具体处置方案,明确应急人员值守、交通管制、应急队伍进场、疏散和人员救护、现场处置与安全防护、损失检查等内容	10	
		②企业应根据实际落实交通事件处置人员,配备清障车、对讲机、交通防护用品等处置装备	10	

续上表

<table>
<tr><th>评价类目</th><th colspan="2">评 价 项 目</th><th>标准分值</th><th>得分</th></tr>
<tr><td rowspan="8">九、运营管理（170分）</td><td rowspan="3">6.相关方管理</td><td>①企业应明确和执行对相关方的管理制度，在其服务活动中签订并保存安全协议，明确双方安全责任和要求。企业应督促相关方定期识别风险，采取有效的控制措施</td><td>5</td><td></td></tr>
<tr><td>②企业应对劳务派遣、短期、临时从业人员进行安全培训</td><td>5</td><td></td></tr>
<tr><td>③企业应明确现场实习、参观及其他外来人员的安全管理规定，告知作业场所的危险源及其防范方式，并进行监护管理</td><td>5</td><td></td></tr>
<tr><td rowspan="2">7.变更管理</td><td>①企业应建立和执行变更管理制度，经评审认定，工艺、作业过程、设备设施等发生的变化对安全有直接影响的变更，应进行变更管理</td><td>10</td><td></td></tr>
<tr><td>②企业应对重大变更进行辨识、评审，并保留记录</td><td>5
★★</td><td></td></tr>
<tr><td rowspan="3">8.消防管理</td><td>①企业应确定本单位的消防安全责任人和安全管理人，设有消防工作归口管理职能部门。建立消防安全管理制度。消防控制室的值班/操作人员应接受消防安全专门培训，并持证上岗。企业应明确消防安全重点部位，设置明显的防火标志，实行严格管理。企业宜进行消防安全评估，并建立健全消防安全管理档案</td><td>10
★★</td><td></td></tr>
<tr><td>②企业应按照相关要求配备相应等级和危险类别的消防控制和火灾报警系统、消防给水系统、消防灭火系统等消防设备设施、器材，并设置消防安全标志。企业应开展防火检查和巡查，对发现的火灾隐患落实责任部门、责任人进行整改，严格执行动火作业管理的规定。企业消防器材及设施应由专人负责，定期组织检验、维修，委托有资质单位对自动消防设施进行维护，确保所有消防器材及设施可靠、有效，随时可用。企业应制定消防应急预案，定期组织演练</td><td>10
★★</td><td></td></tr>
<tr><td>③企业消防安全责任人、消防安全管理人员应掌握消防安全知识和技能。企业应制定消防宣传教育和培训计划，每半年组织一次消防安全教育和培训，岗位员工具备扑救初起火灾的能力</td><td>5
AR</td><td></td></tr>
</table>

续上表

<table>
<tr><th>评价类目</th><th colspan="2">评价项目</th><th>标准分值</th><th>得分</th></tr>
<tr><td rowspan="10">十、风险管理(60分)</td><td>1.一般要求</td><td>企业应依法依规建立健全安全生产风险管理制度,开展本单位管理范围内的风险辨识、评估、管控等工作,落实重大风险登记、重大危险源报备责任,防范和减少安全生产事故</td><td>5
AR</td><td></td></tr>
<tr><td rowspan="3">2.风险辨识</td><td>①企业应制定风险辨识规则,明确风险辨识的范围、方式和程序</td><td>5</td><td></td></tr>
<tr><td>②风险辨识应系统、全面,并进行动态更新</td><td>5</td><td></td></tr>
<tr><td>③风险辨识应涉及所有的工作人员(包括外部人员)、工作过程和工作场所。安全生产风险辨识结束后应形成风险清单</td><td>3</td><td></td></tr>
<tr><td rowspan="2">3.风险评估</td><td>①企业应从发生危险的可能性和严重程度等方面对风险因素进行分析,选定合适的风险评估方法,明确风险评估规则</td><td>2</td><td></td></tr>
<tr><td>②企业应依据风险评估规则,对风险清单进行逐项评估,确定风险等级</td><td>5</td><td></td></tr>
<tr><td rowspan="3">4.风险控制</td><td>①企业应根据风险评估结果及经营运行情况等,按以下顺序确定控制措施:
a.消除;
b.替代;
c.工程控制措施;
d.设置标志警告和(或)管理控制措施;
e.个体防护装备等</td><td>5</td><td></td></tr>
<tr><td>②企业应将安全风险评估结果及所采取的控制措施告知相关从业人员,使其熟悉工作岗位和作业环境中存在的安全风险,掌握、落实应采取的控制措施</td><td>5</td><td></td></tr>
<tr><td>③企业应建立风险动态监控机制,按要求对风险进行控制和监测,及时掌握风险的状态和变化趋势,以确保风险得到有效控制</td><td>3</td><td></td></tr>
</table>

续上表

评价类目	评价项目		标准分值	得分
十、风险管理(60分)	5.重大风险管控	①企业对重大风险进行登记建档，设置重大风险监控系统，制定动态监测计划，并单独编制专项应急措施	5 ★★	
		②企业应当在重大风险所在场所设置明显的安全警示标志，对进入重大风险影响区域的人员组织开展安全防范、应急逃生避险和应急处置等相关培训和演练	5	
		③企业应当将本单位重大风险有关信息通过公路水路行业安全生产风险管理信息系统进行登记，构成重大危险源的应向属地负有安全生产监督管理职责的交通运输管理部门备案	2 ★★	
		④重大风险经评估确定等级降低或解除的，企业应于规定的时间内通过公路水路行业安全生产风险管理系统予以销号	2	
	6.预测预警	①企业应根据生产经营状况、安全风险管理及隐患排查治理、事故等情况，运用定量或定性的安全生产预测预警技术，建立企业安全生产状况及发展趋势的安全生产预测预警机制	5	
		②当风险因素达到预警条件的，企业应及时发出预警信息，并立即采取针对性措施，防范安全生产事故发生	3	
十一、隐患排查和治理(50分)	1.隐患排查	①企业应落实隐患排查治理和防控责任制，组织事故隐患排查治理工作，实行从隐患排查、记录、监控、治理、销账到报告的闭环管理	5 ★★	
		②企业应依据有关法律法规、标准规范等，组织制定各部门、岗位、场所、设备设施的隐患排查治理标准或排查清单，明确隐患排查的时限、范围、内容和要求，并组织开展相应的培训。隐患排查的范围应包括所有与生产经营相关的场所、人员、设备设施和活动，包括承包商和供应商等相关服务范围	5 AR	
		③生产经营单位应当建立事故隐患日常排查、定期排查和专项排查工作机制。日常排查每周应不少于1次，定期排查每半年应不少于1次，并根据政府及有关管理部门安全工作的专项部署、季节性变化或安全生产条件变化情况进行专项排查	5	

续上表

<table>
<tr><th>评价类目</th><th colspan="2">评 价 项 目</th><th>标准分值</th><th>得分</th></tr>
<tr><td rowspan="6">十一、隐患排查和治理（50分）</td><td>1.隐患排查</td><td>④企业应填写事故隐患排查记录，依据确定的隐患等级划分标准对发现或排查出的事故隐患进行判定，确定事故隐患等级并进行登记，形成事故隐患清单。企业应将重大事故隐患向属地负有安全生产监督管理职责的交通运输管理部门备案</td><td>5
★★</td><td></td></tr>
<tr><td rowspan="5">2.隐患治理</td><td>①对于一般事故隐患，企业应按照职责分工立即组织整改，确保及时进行治理</td><td>5</td><td></td></tr>
<tr><td>②对于重大事故隐患，企业主要负责人组织制定专项隐患治理整改方案，并确保整改措施、责任、资金、时限和预案“五到位”。整改方案应包括：
a. 整改的目标和任务；
——整改方案和整改期的安全保障措施；
b. 经费和物资保障措施；
c. 整改责任部门和人员；
d. 整改时限及节点要求；
e. 应急处置措施；
f. 跟踪督办及验收部门和人员</td><td>5
AR</td><td></td></tr>
<tr><td>③企业在事故隐患整改过程中，应采取相应的监控防范措施，防止发生次生事故</td><td>5</td><td></td></tr>
<tr><td>④事故隐患整改完成后，企业应按规定进行验证或组织验收，出具整改验收结论，并签字确认。重大事故隐患整改验收通过的，企业应将验收结论向属地负有安全生产监督管理职责的交通运输管理部门报备，并申请销号</td><td>5
★★</td><td></td></tr>
<tr><td>⑤企业应对重大事故隐患形成原因及整改工作进行分析评估，及时完善相关制度和措施，依据有关规定和制度对相关责任人进行处理，并开展有针对性的培训教育</td><td>5</td><td></td></tr>
</table>

续上表

<table>
<tr><th>评价类目</th><th colspan="2">评　价　项　目</th><th>标准分值</th><th>得分</th></tr>
<tr><td>十一、隐患排查和治理（50分）</td><td>2.隐患治理</td><td>⑥企业应对事故隐患排查治理情况如实记录，建立相关台账，并定期组织对本单位事故隐患治理情况进行统计分析，及时梳理、发现安全生产问题和趋势，形成统计分析报告，改进安全生产工作</td><td>5</td><td></td></tr>
<tr><td rowspan="4">十二、职业健康（20分）</td><td rowspan="3">1.健康管理</td><td>①企业应落实职业病防治主体责任，按规定设置职业健康管理机构和配备专（兼）职管理人员；落实职业病危害告知、日常监测、定期报告和防护保障等制度措施</td><td>5</td><td></td></tr>
<tr><td>②提供符合职业卫生要求的工作环境和条件；应按规定组织有关从业人员进行职业健康检查，并建立有关从业人员职业健康档案</td><td>5</td><td></td></tr>
<tr><td>③企业应按规定对存在或者可能产生职业病危害的工作场所、作业岗位、设备、设施设置警示标识和中文警示说明</td><td>5
AR</td><td></td></tr>
<tr><td>2.职业危害申报</td><td>企业应按规定及时、如实向当地主管部门申报运营过程中存在的职业病危害因素，并接受其监督</td><td>5</td><td></td></tr>
</table>

续上表

<table>
<tr><th>评价类目</th><th colspan="2">评价项目</th><th>标准分值</th><th>得分</th></tr>
<tr><td rowspan="6">十三、安全文化（30分）</td><td rowspan="2">1. 安全环境</td><td>①设立安全文化廊、安全角、黑板报、宣传栏等员工安全文化阵地</td><td>5</td><td></td></tr>
<tr><td>②公开安全生产举报电话号码、通信地址或者电子邮件信箱。对接到的安全生产举报和投诉及时予以调查和处理，并公开处理结果</td><td>5
AR</td><td></td></tr>
<tr><td rowspan="4">2. 安全行为</td><td>①企业应建立包括安全价值观、安全愿景、安全使命和安全目标等在内的安全承诺</td><td>5
★</td><td></td></tr>
<tr><td>②企业应结合企业实际编制员工安全知识手册，并发放到职工</td><td>5</td><td></td></tr>
<tr><td>③企业应组织开展安全生产月活动、安全生产班组竞赛活动，有方案、有总结</td><td>5</td><td></td></tr>
<tr><td>④企业应对安全生产进行检查、评比、考评，总结和交流经验，推广安全生产先进管理方法，对在安全工作中做出显著成绩的集体、个人给予表彰、奖励，并与其经济利益挂钩</td><td>5</td><td></td></tr>
<tr><td rowspan="5">十四、应急管理（70分）</td><td rowspan="3">1. 预案制定</td><td>①企业应在开展安全风险评估和应急资源调查的基础上，建立生产安全事故应急预案体系，制定符合GB/T 29639—2013 规定的生产安全事故应急预案，针对安全风险较大的重点场所（设施）制定现场处置方案，并编制重点岗位、人员应急处置卡</td><td>10
AR</td><td></td></tr>
<tr><td>②应急预案应与当地政府、行业管理部门预案保持衔接，报当地有关部门备案，通报有关协作单位</td><td>5</td><td></td></tr>
<tr><td>③企业应组织开展应急预案评审或论证，并定期进行评估和修订</td><td>5
★★</td><td></td></tr>
<tr><td rowspan="2">2. 应急队伍</td><td>①企业应按照有关规定建立应急管理组织机构或指定专人负责应急管理工作，建立与本企业安全生产特点相适应的专（兼）职应急救援队伍</td><td>5</td><td></td></tr>
<tr><td>②企业应组织应急救援人员日常训练</td><td>5</td><td></td></tr>
</table>

续上表

<table>
<tr><th>评价类目</th><th colspan="2">评 价 项 目</th><th>标准分值</th><th>得分</th></tr>
<tr><td rowspan="8">十四、应急管理（70分）</td><td rowspan="2">3.应急物资</td><td>①企业应根据可能发生的事故种类特点，按照有关规定设置应急设施，配备应急装备，储备应急物资</td><td>5
AR</td><td></td></tr>
<tr><td>②企业应建立管理台账，安排专人管理，并定期检查、维护，确保其完好、可靠</td><td>5</td><td></td></tr>
<tr><td rowspan="2">4.应急演练</td><td>①企业应按照 AQ/T 9007—2011 的规定定期组织公司(厂)、车间(工段、区、队、船、项目部)、班组开展生产安全事故应急演练，做到一线从业人员参与应急演练全覆盖</td><td>10
★★</td><td></td></tr>
<tr><td>②企业应按照 AQ/T 9009—2015 的规定对演练进行总结和评估，根据评估结论和演练发现的问题，修订、完善应急预案，改进应急准备工作</td><td>5</td><td></td></tr>
<tr><td>5.应急处置</td><td>发生事故后，企业应根据预案要求，立即启动应急响应程序，按照有关规定报告事故情况，并开展先期处置</td><td>5</td><td></td></tr>
<tr><td rowspan="3">6.应急评估</td><td>①企业应对应急准备、应急处置工作进行评估</td><td>5
★</td><td></td></tr>
<tr><td>②运输、储存危险物品或处置废弃危险物品的企业，应每年进行一次应急准备评估</td><td>3</td><td></td></tr>
<tr><td>③完成险情或事故应急处置后，企业应主动配合有关组织开展应急处置评估</td><td>2</td><td></td></tr>
<tr><td rowspan="3">十五、事故报告调查处理(45分)</td><td rowspan="3">1.事故报告</td><td>①企业应建立事故报告程序，明确事故内外部报告的责任人、时限、内容等，并教育、指导从业人员严格按照有关规定的程序报告发生的生产安全事故</td><td>5</td><td></td></tr>
<tr><td>②发生事故，企业应及时进行事故现场处置，按相关规定及时、如实向有关部门报告，没有瞒报、谎报、迟报情况。并应跟踪事故发展情况，及时续报事故信息</td><td>5
★★</td><td></td></tr>
<tr><td>③企业应跟踪事故发展情况，及时续报事故信息</td><td>5</td><td></td></tr>
</table>

续上表

评价类目	评价项目		标准分值	得分
十五、事故报告调查处理(45分)	2.事故调查处理	①企业应建立内部事故调查和处理制度,按照有关规定、行业标准和国际通行做法,将造成人员伤亡(轻伤、重伤、死亡等人身伤害和急性中毒)和财产损失的事故纳入事故调查和处理范畴	5	
		②企业应积极配合各级人民政府组织的事故调查,随时接受事故调查组的询问,如实提供有关情况	5	
		③企业应按时提交事故调查报告,分析事故原因,落实整改措施	5	
		④发生事故后,企业应及时组织事故分析,并在企业内部进行通报。并应按时提交事故调查报告,分析事故原因,落实整改措施	5	
		⑤企业应按"四不放过"原则严肃查处事故,严格追究责任领导和相关责任人。处理结果报上级主管部门备案	5 ★	
	3.事故档案管理	企业应建立事故档案和管理台账,将承包商、供应商等相关方在企业内部发生的事故纳入本企业事故管理	5	

续上表

<table>
<tr><th>评价类目</th><th colspan="2">评 价 项 目</th><th>标准分值</th><th>得分</th></tr>
<tr><td rowspan="3">十六、绩效评定与持续改进(30分)</td><td rowspan="2">1.绩效评定</td><td>①企业应每年至少一次对本单位安全生产标准化的运行情况进行自评,验证各项安全生产制度措施的适宜性、充分性和有效性</td><td>10</td><td></td></tr>
<tr><td>②企业主要负责人应全面负责自评工作。自评应形成正式文件,并将结果向所有部门、所属单位和从业人员通报,作为年度考评的重要依据</td><td>10</td><td></td></tr>
<tr><td>2.持续改进</td><td>企业应根据安全生产标准化管理体系的自评结果和安全生产预测预警系统所反映的趋势,以及绩效评定情况,客观分析企业安全生产标准化管理体系的运行质量,及时调整完善安全生产目标、指标、规章制度、操作规程等相关管理文件和过程管控,持续改进,不断提高安全生产绩效</td><td>10</td><td></td></tr>
</table>

评分说明:

1. “★”为一级必备条件;“★★”为一、二级必备条件;“★★★”为一、二、三级必备条件,即所有一级企业必须满足一、二、三星要求,二级企业须满足二、三星要求,三级企业须满足三星要求。
2. 除满足上述星项要求外,带有标注“AR”(Additional requirements 的意思)的项目执行限制扣分要求,申请一级的企业该项目扣分分值不得超过该项分值的10%,申请二级的企业该项目扣分分值不得超过该项分值的25%,申请三级的企业该项目扣分分值不得超过该项分值的40%,所有“★”项,二、三级企业按照“AR”项要求执行,所有“★★”项,三级企业按照“AR”项要求执行,所有评分项目中存在一项超过上述扣分要求的为达标建设不合格。
3. 所有指标中要求的内容,如评审企业不涉及此项工作或当地主管机关未要求开展的,视为不涉及项处理,所得总分按照千分制比例进行换算。如:某企业不涉及项分数为100分,对照千分表去除不涉及项得分为720分,则最终评价得分为720/900×1000=800分。
4. 所有涉及抽查、询问人员的指标,如细则中无具体说明,抽查数量为总数的10%,最低抽查数量为5,最高抽查数量为15,抽查的人员及车辆应具有代表性,每种类别车辆或人员必须要有抽样。

附件1 《交通运输企业安全生产标准化建设基本规范 第19部分：公路隧道运营企业》(JT/T 1180.19—2018)

交通运输企业安全生产标准化建设基本规范 第19部分：公路隧道运营企业

1 范围

JT/T 1180的本部分规定了公路隧道运营企业安全生产标准化建设的基本要求、通用要求，以及安全投入、设备设施、科技创新与信息化和运营管理等专业要求。

本部分适用于公路隧道运营企业开展安全生产标准化建设工作，以及对安全生产标准化建设的技术服务和评价工作。

2 规范性引用文件

下列文件对于本文件的应用是必不可少的。凡是注日期的引用文件，仅注日期的版本适用于本文件。凡是不注日期的引用文件，其最新版本（包括所有的修改单）适用于本文件。

JT/T 1180.1 交通运输企业安全生产标准化建设基本规范 第1部分：总体要求

JTG D70/2 公路隧道设计规范 第二册 交通工程与附属设施

JTG D81 公路交通安全设施设计规范

JTG D82 公路交通标志和标线设置规范

3 术语和定义

下列术语和定义适用于本文件。

3.1

公路隧道运营企业 highway tunnel operation enterprises

从事公路隧道运营活动的生产经营单位。

3.2

隧道安全保护区 tunnel safety protection zone

隧道上方、沿线两侧、洞口外沿各100m范围内的区域。

3.3

隧道管养费用 tube support cost for highway tunnel

公共财政承担的隧道设备设施年度养护费用。

4 基本要求

公路隧道运营企业(简称"企业")安全生产标准化建设的基本要求按JT/T 1180.1的有关规定执行。

5 通用要求

企业安全生产标准化建设的通用要求按JT/T 1180.1的有关规定执行。

6 专业要求

6.1 安全投入

6.1.1 企业应按照不低于营业收入的1.5%或隧道管养费用的15%足额提取安全生产费用。

6.1.2 企业宜投保安全生产责任保险或符合法规要求的安全保障金。

6.2 设备设施

6.2.1 一般要求

6.2.1.1 企业应制定设备设施管理制度,定期进行巡检和维护保养,保证其安全运行;应设专人负责管理各种安全设施以及检测与监测设备,建立台账,定期检查维护。

6.2.1.2 企业应落实设备设施日常检维修和定期检维修管理,对于年度维修计划,应落实"五定"原则,即定检修方案、定检修人员、定安全措施、定检修质量、定检修进度。检维修方案应包含作业风险分析、控制措施及应急处置措施。检维修过程中应执行风险控制措施并进行监督检查,检维修后应进行安全确认。

6.2.1.3 设备的改造、拆除和报废,应符合有关法律法规、标准规范的要求。

6.2.1.4 拆除的设备设施涉及危险物品的应合规处置。安全设施不得随意拆除、挪用或弃置不用;确因检维修拆除的,应采取临时安全措施,检维修完毕后立即复原。

6.2.2 土建结构

6.2.2.1 企业应对土建结构进行技术状况评定，评定结果应达到1类或2类，隧道结构、路面、衬砌、洞口、通道等土建设施应满足安全通行的要求；企业应定期对隧道安全保护区进行定期巡查，及时制止或报告可能危害隧道土建结构的行为。

6.2.2.2 隧道（水下）水泵、启动控制系统、排水管道、排水沟、蓄水池等排水设施应具备恶劣天气下客水涌入的排水功能，满足隧道排水的要求，确保路面、设备用房等不积水。

6.2.3 机电设施

6.2.3.1 隧道射流风机、轴流风机、离心风机及其配套的风塔、风机房等通风设施的风速、推力、功率、噪声及防护等主要性能指标应符合通风分项技术养护评定标准，满足隧道内通风换气和火灾状态下排烟的要求。

6.2.3.2 隧道区域的灯具、洞外路灯、照明线路、照明控制柜等照明设施应满足隧道各段行车照明的要求。

6.2.3.3 隧道中央控制室、亮度检测器、能见度检测器、CO检测器、风速风向检测器、车辆检测器、闭路电视监控系统、紧急电话及广播、车道控制标志等监控与通信设施以及信息处理和监控软件，应具备监视隧道运营状态、设备运转情况及控制相关设备运转的功能，满足隧道内交通监控、统一调度指挥的安全要求。

6.2.3.4 隧道火灾报警设施、灭火设施、电光标志、横通道防火卷帘、疏散通道以及隧道内重要部位的自动灭火系统等消防设施应满足预防隧道火灾和紧急情况下疏散和必要救援的要求。

6.2.3.5 隧道供电电力负荷、电压、变压器等应满足正常和紧急情况下的供电需求；电动机、水泵和开关箱等用电设备以及配电箱、柜的防护等级应满足防火防爆、防尘、防腐蚀的要求。

6.2.3.6 隧道内不间断电源装置（UPS）和应急电源装置（EPS）应确保重要部位和设施的用电需要；电力监控系统继电保护、自动装置设计和双电源自动投入装置应符合技术要求和相关规定。

6.2.3.7 接地与防雷设施应根据被保护设施的特点，综合采取接闪、分流、均压、屏蔽、合理布线和共用接地等防护措施，满足安全供电的要求。

6.2.3.8 隧道内配电室、变压器室及备用发电机房的室内外装置的安全净距、耐火等级、消防配备、防渗水、除湿、防尘、通风以及封堵电缆孔洞、安装防鼠板、悬挂标识标志等措施应满足安全供电的要求。

6.2.4 附属设施

6.2.4.1 隧道交通标志、标线、轮廓标等交通安全设施应符合 JTG D70/2、JTG D81、JTG D82 等要求,相关标准未规定的交通安全设施应根据隧道所在的路网和实际安全需要确定。存在危险、有害因素的场所和设备设施,应设置明显的安全防护设施或安全警示标志,告知危险种类、后果及应急措施,设备设施检修、施工等作业现场应设置警戒区域和警示标志。

6.2.4.2 隧道进出口减光设施、服务(联络)隧道、交通(收费)卡口设施、设备洞室、限高架,以及电缆沟、洞口绿化、雕塑、管理用房等其他工程设施应满足消除黑白效应和通行安全的要求。

6.2.5 电气安全管理

6.2.5.1 企业应严格执行停、送电管理、电力倒闸操作、带电维修养护、临时用电等作业的安全规定。

6.2.5.2 电气检测工具、防护器材应保持安全有效。

6.2.6 特种/强检设备管理

6.2.6.1 公路隧道区域内特种设备应按规定具备产品合格证、使用登记证、法定定期检测报告及齐全有效的安全装置。

6.2.6.2 公路隧道区域内的接地与防雷设施应定期进行检测。

6.2.6.3 用于隧道安全监视和测量的设备应符合国家有关的规定。

6.2.6.4 用于公路隧道巡查、清洁、维护、施救等的机动车辆应定期进行检测。

6.3 科技创新与信息化

6.3.1 科技创新及应用

6.3.1.1 企业应积极将科技成果应用在隧道安全管理当中,提倡在隧道交通事故预防预警、防治控制、抢险处置等方面的创新,积极开展安全生产科技攻关或课题研究。应用现代化科技手段,提升安全管理水平。

6.3.1.2 企业应积极采用安全性能可靠、先进适用的新技术、新工艺、新设备和新材料。

6.3.2 科技信息化

6.3.2.1 企业应按相关要求和隧道实际开展科技信息化、安全监控平台等系统的建设。

6.3.2.2 企业应建立健全安全监管信息化设施设备和软件的安全管理制度,保证企业安全监管信息系统的安全。

6.4 运营管理

6.4.1 运营监控

6.4.1.1 企业应建立运营控制中心，合理设置控制中心岗位，明确各岗位职责，制定运营指挥、调度、作业程序，随时根据隧道内交通状况、机电设施运行情况进行调节，满足在正常、异常情况下的安全运行。

6.4.1.2 企业运营控制中心应通过对隧道内空气质量、照明、排水、交通诱导设施等的动态监测与控制，满足隧道通行环境的要求。

6.4.2 作业安全管理

6.4.2.1 高处作业、吊装作业、动火作业、受限空间、动土作业（含病害处治）、临时用电作业、隧道内占道作业等实施许可管理，安排专人进行现场安全管理，确保施工过程中的安全措施落实。

6.4.2.2 企业应按照少占空间、防护合理、选择时段、减少对行车的影响等原则，制定隧道内作业前、中、后的交通组织和防护方案并严格落实。

6.4.2.3 企业应严格执行操作规程和安全管理制度，制止和纠正违章指挥、违章操作、违反劳动纪律的行为。

6.4.3 安全值班和交通巡查管理

6.4.3.1 企业应制定并落实安全值班制度，重要时期、恶劣天气实行领导到岗带班，值班领导及人员应明确职责和紧急事件处置流程。

6.4.3.2 企业应制定并落实交通安全巡查制度，对巡查内容、时间、频次以及路线等应有明确的规定。

6.4.4 隧道交通控制（站）口管理

企业应制定隧道交通控制（站）口管理制度，明确管理范围，对范围内的车辆、人员及隧道通行等情况进行管理。

6.4.5 交通事件管理

6.4.5.1 企业应制定交通事件的具体处置方案，明确应急人员值守、交通管制、应急队伍进场、疏散和人员救护、现场处置与安全防护、损失检查等内容，并遵循以下原则：

——及时堵截、劝离违反隧道禁行规定的人员或车辆；

——快速处置车辆追尾、翻车、刮擦、违章停车、抛锚等事件；

——快速疏导隧道交通。

6.4.5.2 企业应根据实际落实交通事件处置人员，配备清障车、对讲机、交通防护用品等处置装备。

6.4.6 相关方管理

6.4.6.1 企业应明确和执行对相关方的管理制度,在其服务活动中签订并保存安全协议,明确双方安全责任和要求。企业应督促相关方定期识别风险,采取有效的控制措施。

6.4.6.2 企业应对劳务派遣、短期、临时从业人员进行安全培训。

6.4.6.3 企业应明确现场实习、参观及其他外来人员的安全管理规定,告知作业场所的危险源及其防范方式,并进行监护管理。

6.4.7 变更管理

6.4.7.1 企业应建立和执行变更管理制度,经评审认定,工艺、作业过程、设备设施等发生的变化对安全有直接影响的变更,应进行变更管理。

6.4.7.2 企业应对重大变更进行辨识、评审,并保留记录。

6.4.8 消防管理

6.4.8.1 企业应确定本单位的消防安全责任人和安全管理人,设有消防工作归口管理职能部门,建立消防安全管理制度。消防控制室的值班/操作人员应接受消防安全专门培训,并持证上岗。企业应明确消防安全重点部位,设置明显的防火标志,实行严格管理。企业宜进行消防安全评估,并建立健全消防安全管理档案。

6.4.8.2 企业应按照相关要求配备相应等级和危险类别的消防控制和火灾报警系统、消防给水系统、消防灭火系统等消防设备设施、器材,并设置消防安全标志。企业应开展防火检查和巡查,对发现的火灾隐患落实责任部门、责任人进行整改,严格执行动火作业管理的规定。企业消防器材及设施应由专人负责,定期组织检验、维修,委托有资质单位对自动消防设施进行维护保养,确保所有消防器材及设施可靠、有效,随时可用。企业应制定消防应急预案,定期组织演练。

6.4.8.3 企业消防安全责任人、消防安全管理人员应掌握消防安全知识和技能。企业应制订消防宣传教育培训计划,每半年组织一次消防安全教育培训,岗位员工具备扑救初起火灾的能力。

附件2　交通运输部关于印发《交通运输企业安全生产标准化建设评价管理办法》的通知

交安监发〔2016〕133号

各省、自治区（直辖市）、长江航务管理局：

为深入贯彻落实《中华人民共和国安全生产法》，大力推进企业安全生产标准化建设，现将《交通运输企业安全生产标准化建设评价管理办法》印发给你们，请遵照执行。

交通运输部

2016年7月26日

交通运输企业安全生产标准化建设评价管理办法

第一章　总　　则

第一条　为推进交通运输企业安全生产标准化建设，规范评价工作，促进企业落实安全生产主体责任，依据《中华人民共和国安全生产法》，制定本办法。

第二条　本办法适用于中华人民共和国境内交通运输企业安全生产标准化建设评价及其监督管理工作。

第三条　交通运输部负责全国交通运输企业安全生产标准化建设工作的指导，具体负责一级评价机构的监督管理。

省级交通运输主管部门负责本管辖范围内交通运输企业安全生产标准化建设工作的指导,具体负责二、三级评价机构的监督管理。

长江航务管理局、珠江航务管理局分别负责行政许可权限范围内的长江干线、西江干线省际航运企业安全生产标准化建设工作的指导,具体负责二、三级评价机构的监督管理(以上部门和单位统称为主管机关)。

第四条 交通运输企业安全生产标准化建设按领域分为道路运输、水路运输、港口营运、城市客运、交通运输工程建设、收费公路运营六个专业类型和其他类型(未列入前六种类型,但由交通运输管理部门审批或许可经营)。

道路运输专业类型含道路旅客运输、道路危险货物运输、道路普通货物运输、道路货物运输站场、汽车租赁、机动车维修和汽车客运站等类别;水路运输专业类型含水路旅客运输、水路普通货物运输、水路危险货物运输等类别;港口营运专业类型含港口客运、港口普通货物营运、港口危险货物营运等类别;城市客运专业类型含城市公共汽车客运、城市轨道交通运输和出租汽车营运等类别;交通运输工程建设专业类型含交通运输建筑施工企业和交通工程建设项目等类别;收费公路运营专业类型含高速公路运营、隧道运营和桥梁运营等类别。

第五条 交通运输企业安全生产标准化建设等级分为一级、二级、三级,其中一级为最高等级,三级为最低等级。水路危险货物运输、水路旅客运输、港口危险货物营运、城市轨道交通、高速公路、隧道和桥梁运营企业安全生产标准化建设等级不设三级,二级为最低等级。

交通运输企业安全生产标准化建设标准和评价指南,由交通运输部另行发布。

第六条 交通运输企业安全生产标准化建设评价工作应坚持"政策引导、依法推进、政府监管、社会监督"的原则。

第七条 交通运输企业安全生产标准化建设评价及相关工作应统一通过交通运输企业安全生产标准化管理系统(简称管理系统)开展。

第八条 交通运输部通过购买服务委托管理维护单位,具体承担管理系统的管理、维护与数据分析、评审员能力测试题库维护、评价机构备案和档案管理等日常工作。各省级主管机关可根据需要通过购买服务委托省级管理维护单位承担相关日常工作。

第九条 管理维护单位应具备以下条件:

(一)具有独立法人资格,从事交通运输业务的事业单位或经批准注册的交通运输行业社团组织;

(二)具有相适应的固定办公场所、设施和必要的技术条件；

（三）配有满足工作所需的管理和技术人员；

（四）3 年内无重大违法记录，信用状况良好；

（五）具有完善的内部管理制度；

（六）法律、法规规定的其他条件。

第十条 主管部门应与委托的管理维护单位签订合同或协议，明确委托工作任务、要求及相关责任。

第十一条 管理维护单位因自身条件变化不满足第九条要求或不能履行合同承诺的，主管机关应解除合同并及时向社会公告。

第二章 评 审 员

第十二条 评审员是具有企业安全生产标准化建设评价能力，进入评审员名录的人员。

第十三条 凡遵守法律法规，恪守职业道德，符合下列条件，通过管理系统登记报备，经公示 5 个工作日，公示结果不影响登记备案的，自动录入评审员名录。

（一）具有全日制理工科大学本科及以上学历；

（二）具备中级及以上专业技术职称，或取得初级技术职称 5 年以上；

（三）具有 5 年及以上申报专业类型安全相关工作经历；

（四）身体健康，年龄不超过 70 周岁；

（五）同时登记备案不超过 3 个专业类型；

（六）通过管理系统相关专业类型专业知识、技能和评价规则的在线测试；

（七）申请人 5 年内未被列入政府、行业黑名单或 1 年内未被列入政府、行业公布的不良信息名录；

（八）评审员承诺备案信息真实，考评活动中严格遵守国家有关法律法规，不弄虚作假、提供虚假证明，一旦违反，自愿退出交通运输企业安全生产标准化建设评价相关活动。

第十四条 评审员按专业类型自愿申请登记在一家评价机构后，方可从事交通运输企业安全生产标准化建设评价工作，登记完成后 12 个月内不可撤回。

第十五条 评审员应按年度开展继续教育学习，自登记备案进入评审员名录后，每 12 个月周期内均应通过管理系统进行继续教育在线测试。通过测试的，可继续从事企业安全生产标准化建设评价工作；未通过测试的，暂停参加评价活动，直至通过继续教育测试。继续教育测试不收取任何费用。

第十六条 部级管理维护单位应按年度发布评审员继续教育测试大纲，评审员年度继续教育测试大纲应包含以下内容：

（一）相关专业的安全生产法律、法规、标准规范；

（二）交通运输企业安全生产标准化建设有关新政策；

（三）应更新的安全生产专业知识。

第十七条　评审员个人信息变动应于5个工作日内通过管理系统报备。

第十八条　评审员向受聘的评价机构申请不再从事企业安全生产标准化建设评价工作，或年龄超过70岁的，部管理维护单位应在5个工作日内注销其备案信息。

第三章　评价机构

第十九条　评价机构是指满足评价机构备案条件，完成管理系统登记报备，从事交通运输企业安全生产标准化建设评价的第三方服务机构。

第二十条　评价机构分为一、二、三级。一级评价机构向交通运输部备案，二、三级评价机构向省级主管机关备案。

一级评价机构可承担申请一、二、三级的企业安全生产标准化评价工作，二级评价机构可承担备案地区申请二、三级的企业安全生产标准化评价工作，三级评价机构可承担备案地区申请三级的企业安全生产标准化评价工作。

第二十一条　凡符合以下条件，通过管理系统登记备案，经公示5个工作日，公示结果不影响登记备案的，自动录入评价机构名录。

（一）从事交通运输业务的独立法人单位或社团组织；

（二）具有一定的交通运输企业安全生产标准化建设评价或交通运输安全生产技术服务工作经历；

（三）具有相适应的固定办公场所、设施；

（四）具有一定数量专职管理人员和相应专业类型的自有评审员；

（五）初次申请一级评价机构备案，应已完成本专业类型二级评价机构备案1年以上，并具有相关评价经历；

（六）建立了完善的管理制度体系；

（七）单位或法定代表人3年内未被列入政府、行业黑名单或1年内未被列入政府、行业公布的不良信息名录；

（八）评价机构同一等级登记备案不超过3个专业类型；

（九）评价机构承诺备案信息真实，严格遵守国家有关法律法规，不弄虚做假、提供虚假证明，一旦违反，自愿退出交通运输企业安全生产标准化建设评价相关活动；

（十）满足其他法律法规要求。

以上第一至五款评价机构具体备案条件见附录A。

第二十二条　评价机构进入评价机构名录后，备案信息有效期5年,并向社会公布。备案信息公布内容应包含评价机构的名称、法定代表人、专业类型、等级、地址和印模、备案号和有效期等。

第二十三条 评价机构可在登记备案期届满前1个月通过管理系统进行延期备案,延期备案符合下列条件,经公示5个工作日后,结果不影响延期备案的,自动延长备案期5年。

(一)单位经营资质合法有效;

(二)未被主管机关列入公布的不良信息名录;

(三)满足该等级评价机构登记备案条件。

第二十四条 评价机构名称、地址或法定代表人变更,或从事专职管理和评价工作的人员变动累计超过25%的,应通过管理系统进行信息变更备案。

第二十五条 评价机构应不断完善内部管理制度,严格规范评价过程管理,并对评价和年度核查结论负责。

第二十六条 评价机构应按年度总结评价工作,于次年1月底前通过管理系统报管理维护单位,管理维护单位汇总分析后,形成年度报告报主管机关。

第二十七条 评价机构在妥善处置其负责评价和年度核查相关业务后,可向登记备案的管理维护单位申请注销其评价机构备案信息,管理维护单位核实相关业务处置妥善后应在5个工作日内完成备案注销工作,并通过管理系统向社会公布。评价机构申请注销的,2年内不得重新备案,所聘评审员自动恢复未登记评价机构状态。

第四章　评价与等级证明颁发

第二十八条 评价机构负责交通运输企业安全生产标准化建设评价活动的组织实施和评价等级证明的颁发。

第二十九条 交通运输企业安全生产标准化建设评价包括初次评价、换证评价和年度核查三种形式。

第三十条 交通运输企业安全生产标准化建设等级证明应按照交通运输部规定的统一样式制发,有效期3年。

第三十一条 已经通过低等级交通运输企业安全生产标准化建设评价的企业申请高等级交通运输企业安全生产标准化建设评价的,评价及颁发等级证明应按照初次评价的有关规定执行。

第三十二条 交通运输企业应根据经营范围分别申请相应专业类别建设评价,属同一专业类型不同专业类别的,可合并评价。

第三十三条 交通运输企业申请安全生产标准化建设评价应遵循以下规定:

(一)依照法律法规要求自主申请;

(二)自主选择相应等级的评价机构;

（三）评价过程中，向评价机构和评审员提供所需工作条件，如实提供相关资料，保障有效实施评价。

（四）有权向主管机关、管理维护单位举报、投诉评价机构或评审员的不正当行为。

第三十四条　交通运输企业在取得安全生产标准化等级证明后，应根据评价意见和标准要求不断完善其安全生产标准化管理体系，规范安全生产管理和行为，形成可持续改进的长效机制，并接受主管机关、评价机构的监督。

第一节　初次评价

第三十五条　申请初次评价应具备以下条件：

（一）具有独立法人资格，从事交通运输生产经营建设的企业或独立运营的实体；

（二）具有与其生产经营活动相适应的经营资质、安全生产管理机构和人员，并建立相应的安全生产管理制度；

（三）近1年内没有发生较大以上安全生产责任事故；

（四）已开展企业安全生产标准化建设自评，结论符合申请等级要求。

第三十六条　交通运输企业应通过管理系统向所选择的评价机构提出企业安全生产标准化建设评价申请，申报初次评价应提交以下资料：

（一）标准化建设评价申请表（样式由管理系统提供）；

（二）法律法规规定的企业法人营业执照、经营许可证、安全生产许可证等；

（三）企业安全生产标准化建设自评报告。自评报告应包含：企业简介和安全生产组织架构；企业安全生产基本情况（含近3年应急演练、一般以上安全事故和重大安全事故隐患及整改情况）；从业人员资格、企业安全生产标准化建设过程；自评综述、自评记录、自评问题清单和整改确认；自评评分表和结论等。

第三十七条　评价机构接到交通运输企业评价申请后，应在5个工作日内完成申请材料完整性和符合性核查。核查不通过的，应及时告知企业，并说明原因。评价机构对申请材料核查后，认为自身能力不足或申请企业存在较大安全生产风险时，可拒绝受理申请，并向其说明，记录在案。

第三十八条　企业申请资料核查通过后，评价机构应成立评价组，任命评价组长，制定评价方案，提前5个工作日告知当地主管机关后，满足下列条件，可启动现场评价。

（一）评价组评审员不少于3人，其中自有评审员不少于1人；

（二）评价组长原则上应为自有评审员，且具有2年和8家以上同等级别企业安全生产标准化建设评价经历，3年内没有不良信用记录，并经评价机构培训，具有较强的现场沟通协调和组织能力；

（三）评价组应熟悉企业评价现场安全应急要求和当地相关法律法规和标准规范要求。

第三十九条 评价机构应在接受企业评价申请后30个工作日内完成对企业的现场评价工作，并提交评价报告。

第四十条 现场评价工作完成后，评价组应向企业反馈发现的安全事故隐患和问题、整改建议及现场评价结论，形成现场评价问题清单，问题清单应经企业和评价组签字确认。现场发现的重大安全事故隐患和问题应向负有直接安全生产监督管理职责的交通运输管理部门和相应的主管机关报告。

第四十一条 企业对评价发现的安全事故隐患和问题，在现场评价结束30日内按要求整改到位的，经申请，由评价机构确认整改合格，所完成的整改内容可视为达到相关要求；对于不影响评价结论的安全事故隐患和问题，企业应按评价机构有关建议积极组织整改，并在年度报告中予以说明。

第四十二条 评价案卷应包含下列内容：

（一）申请资料核查记录及结论；

（二）现场评价通知书（应包含评价时间、评价组成员等）；

（三）评价方案；

（四）企业安全生产重大问题整改报告及验证记录；

（五）评价报告，包括现场评价记录、现场收集的证据材料、问题清单及整改建议、评价结论及评价等级意见；

（六）其他必要的评价证据材料。

第四十三条 评价机构应对评价案卷进行审核，形成评价报告（附评价综述、评价结论和现场发现问题清单）及其他必要的评价资料通过管理系统向管理维护单位报备。评价机构评价结论认为符合颁发评价等级证明的，应报管理维护单位向社会公示5个工作日；公示结果不影响评价结论的，评价机构应向企业颁发交通运输企业安全生产标准化评价等级证明。

第四十四条 企业对评价结论存有异议的，可向评价机构提出复核申请，评价机构应针对复核申请事项组织非原评审员进行逐项复核，复核工作应在接受企业复核申请之日起20个工作日完成，并反馈复核意见。企业对评价机构复核结论仍存异议的，可选择其他评价机构申请评价。涉及评价机构评价工作不公正和违规行为的，企业可向相应管理维护单位或主管机关投诉、举报。

第四十五条 交通运输企业安全生产标准化建设等级证明格式由交通运输部统一规定（附录B），证明应注明类型、类别、等级、适用范围和有效期等。

第四十六条 管理维护单位应在收到评价机构报备的评价等级证明、评价报告等资料5个工作日内，向社会公布获得交通运输企业安全生产标准化建设等级证明的企业和评价机构有关信息，接受社会监督。

第二节 换证评价

第四十七条 已经取得安全生产标准化评价等级证明的企业在证明有效期满之前可向评价机构申请换证评价，换证完成后，原证明自动失效。

第四十八条 企业申请换证评价时，应提交以下材料：

（一）企业法人营业执照、经营许可证等；

（二）原交通运输企业安全生产标准化建设等级证明；

（三）企业换证自评报告和企业基本情况、安全生产组织架构；

（四）企业安全生产标准化运行情况，以及近3年安全生产事故或险情、重大安全生产风险源及管控、重大安全事故隐患及治理等情况。

第四十九条 申请换证的企业在取得等级证明3年且满足下列条件，在原证明有效期满之日前3个月内可直接向评价机构申请换发同等级企业安全生产标准化建设等级证明：

（一）企业年度核查等级均为优秀（含换证年度）；

（二）企业未发生一般及以上等级安全生产责任事故；

（三）企业未发生被主管机关安全生产挂牌督办或约谈；

（四）企业安全生产信用等级评为B级以上；

（五）企业未违反其他安全生产法律法规有关规定；

（六）安全生产标准化建设标准发生变化的，年度核查或有关证据证明其满足相关要求。

第五十条 换证评价及等级证明颁发的流程、范围和方法按照初次评价的有关规定执行。

第三节 年度核查

第五十一条 企业取得安全生产标准化建设等级证明后，有效期内应按年度开展自评，自评时间间隔不超过12个月，自评报告应报颁发等级证明的评价机构核查。

第五十二条 评价机构对企业年度自评报告核查发现以下问题的，可进行现场核查：

（一）自评结论不能满足原有等级要求的；

（二）自评报告内容不全或存在不实，不能真实体现企业安全生产标准化建设实际情况的；

（三）企业生产经营状况发生重大变化的，包括生产经营规模、场所、范围或主要安全管理团队等；

（四）企业未按要求及时向评价机构报告重大安全事故隐患和较大以上安全生产责任事故的；

（五）相关方对企业的安全生产提出举报、投诉；

(六)企业主动申请现场复核。

第五十三条 评价机构应在企业提交年度自评报告15个工作日内完成自评报告年度核查,需进行现场核查的,应在30个工作日内完成。

第五十四条 年度核查结论分为不合格、合格和优秀三个等级评价,并通过管理系统向社会公开。企业安全生产标准化建设运行情况不能持续满足所取得的评价等级要求,或长期存在重大安全事故隐患且未有效整改的评为不合格;基本满足且对不影响评价结论的问题和重大安全事故隐患进行有效整改的评为合格;满足原评价等级所有要求,并建立有效的企业安全生产标准化持续改进工作机制,且运行良好,重大安全事故隐患和问题整改完成的,评为优秀。对于年度核查评为优秀,应由企业在年度自查报告中主动提出申请,经评价机构核查,包括进行现场抽查验证通过后,方可评为优秀。

第五十五条 评价机构对企业的年度核查评价在合格以上的,维持其安全生产标准化建设等级证明有效;年度核查评价不合格或未按要求提交自评报告的,评价机构应通知企业并提出相关整改建议,企业在30日内未经验收完成整改,或仍未提交自评报告,或拒绝评价机构现场复核的,评价机构应撤销并收回企业安全生产标准化建设等级证明,并通过管理系统向社会公告。

第五十六条 已经取得交通运输企业安全生产标准化建设等级证明的企业,在有效期内发现存在重大安全事故隐患或发生较大及以上安全生产责任事故的,应在10个工作日内向颁发等级证明的评价机构报送相关信息,评价机构可视情况开展企业安全生产标准化建设核查工作。

第五十七条 评价机构撤销企业安全生产标准化建设等级证明的,应通过管理系统向管理维护单位备案。

第四节 证明补发和变更

第五十八条 企业安全生产标准化建设等级证明遗失的,可向颁发等级证明的评价机构申请补发。

第五十九条 企业法定代表人、名称、经营地址等变更的,应在变更后30日内,向颁发等级证明的评价机构提供有关证据材料,申请对企业安全生产标准化评价等级证明的变更。

第六十条 评价机构发现申请安全生产标准化建设等级证明变更的企业的安全生产条件发生重大变化,超出第四十九条情况的,可进行现场核实,核实结果不影响变更证明的,应予以变更,核实认为企业安全生产条件不满足维持原证明等级要求的,原证明应予以撤销并通过管理系统向社会公示。

第六十一条 评价机构应在接受企业提出的证明变更

申请后30日内，完成证明变更。

第五章　监督管理

第六十二条　主管机关应加强对管理维护单位、评价机构和评审员的监督管理，建立健全日常监督、投诉举报处理、评价机构和评审员信用评价、违规处理和公示公告等机制，规范交通运输企业安全生产标准化建设评价工作。省级主管机关对日常监督管理工作中发现的一级评价机构存在的违法违规行为应通过管理系统上报。

第六十三条　主管机关应采取“双随机、一公开”的突击检查方式，组织抽查本管辖范围内从事相关业务的评价机构和评审员相关工作。抽查内容应包含：机构备案条件、管理制度、责任体系、评价活动管理、评审员管理、评价案卷、现场评价以及机构能力保持和建设等。

第六十四条　交通运输管理部门应将企业安全生产标准化建设工作情况纳入日常监督管理，通过政府购买服务委托第三方专业化服务机构，对下级管理部门及辖区企业推进企业安全生产标准化建设工作情况进行抽查，抽查情况应向行业通报。

第六十五条　已经取得交通运输企业安全生产标准化评价等级证明的企业，在有效期内发生重大及以上安全生产责任事故，或1年内连续发生2次以上较大安全生产责任事故的，评价机构应对该企业安全生产标准化建设情况进行核查，不满足原等级要求的，应及时撤销其安全生产标准化等级证明。事故等级按照《生产安全事故报告和调查处理条例》（国务院令第493号）和《水上交通事故统计办法》（交通运输部令2014年15号）确定。

第六十六条　负有直接安全生产监督管理职责的交通运输管理部门应对企业安全生产标准化建设评价中发现的重大安全事故隐患及时进行核查，确认后责令企业立即整改，并依法依规追究相应人的责任。

第六十七条　主管机关应建立投诉举报渠道，公布邮箱、电话，接受实名投诉举报。

第六十八条　主管机关接到有关企业安全生产标准化建设评价实名举报或投诉的，经确认举报或投诉事项是属本单位管辖权限，应在60个工作日内完成调查核实处理，并将处理意见向举报人反馈。

第六十九条　投诉举报第一接报主管机关对确认不属本单位管辖权限的，应在5个工作日内告知举报人，并建议其向具有管辖权限的主管机关举报。

第七十条　评审员、评价机构违背承诺，其备案信息经核实存在弄虚作假的，管理维护单位应在3个工作日内将其列入黑名单，并通过管理系统向社会公告。

第七十一条 管理维护单位应对评审员、评价机构发生的违规违纪和违反承诺等失信行为，依据评审员、评价机构信用扣分细则（见附录C）进行记录。

第七十二条 评审员、评价机构信用等级按其扣分情况分为AA、A、B、C、D共5个等级，未扣分的为AA；扣1~2分的为A；扣3~8分的为B；扣9~14分的为C；扣15~19分的为D；信用扣分超过20分（含20分）的列入黑名单。以上信用扣分按近3年扣分累计。

第七十三条 部管理维护单位应通过管理系统，按年度向社会公布管辖范围内一级评价机构、评审员3年内违规行为和信用等级汇总情况，以及评价机构所颁发等级证明的企业及其近5年发生等级以上安全生产事故情况。评审员发生信用扣分的，管理维护单位应告知评审员登记的评价机构。

省级管理维护单位应通过管理系统，按年度向社会公布管辖范围内二、三级评价机构，以及评价机构所颁发等级证明的企业及其近5年发生等级以上安全生产事故情况。

第七十四条 交通运输管理部门应将交通运输企业安全生产标准化建设情况和评价结果纳入企业安全生产信用评价范围，鼓励引导交通运输企业积极开展安全生产标准化建设。

第七十五条 交通运输管理部门应加强对企业安全生产标准化评价结果应用，作为实施分级分类、差异化监管的重要依据；对安全生产标准化未达标或被撤销等级证明的企业应加大执法检查力度，予以重点监管。客运、危险货物经营企业安全生产标准化建设评价及年度核查情况应作为企业经营资质年审和运力更新、新增审批、招投标的安全条件重要参考依据。

第七十六条 主管机关和管理维护单位的工作人员发生失职渎职的，应按规定追究相关责任人责任；评价机构的工作人员和评审员发生弄虚作假、违法违纪行为，依法依规追究相关人员法律责任。

第六章　附　　则

第七十七条 交通运输企业安全生产标准化是指企业通过落实安全生产主体责任，全员全过程参与，建立安全生产各要素构成的企业安全生产管理体系，使生产经营各环节符合安全生产、职业病防治法律、法规和标准规范的要求，人、机、环、管处于受控状态，并持续改进。

第七十八条 交通运输企业安全生产标准化建设评价是指企业安全生产标准化评价机构，依据相关法律法规和企业安全生产标准化建设标准，评价企业安全生产标准化建设情况，对评价过程中发现安全生产的问题，提出整改建议，是促进企业安全生产标准化建设工作的重要方式。

第七十九条　对企业所实施的安全生产标准化建设评价，不解除企业遵守国际、国内有关安全生产法律法规的责任和所承担的企业安全生产主体责任。

第八十条　航运企业已建立安全管理体系并取得符合证明（DOC）的，视同满足企业安全生产标准化二级达标水平。

第八十一条　省际运输企业是指从事省际道路或水路运输的交通运输企业。

第八十二条　自有评审员是指与受聘评价机构签订正式劳动合同，且受聘评价机构已为其连续缴纳1年以上社保的人员。

第八十三条　本办法所称企业是指从事公路、水路交通运输的生产经营单位，包括直接从事生产经营行为的事业单位。

第八十四条　省级主管机关未委托管理维护单位的，本管理办法涉及的相关工作由其承担。

第八十五条　管理系统由交通运输部统一开发，委托管理维护单位负责日常维护。

第八十六条　本办法自发布之日实施，有效期5年。《关于印发交通运输企业安全生产标准化考评管理办法和达标考评指标的通知》（交安监发〔2012〕175号）及《关于印发交通运输企业安全生产标准化相关实施办法的通知》（厅安监字〔2012〕134号）同时废止。

附录 A

评价机构登记备案条件

<table>
<tr><th rowspan="2">序号</th><th rowspan="2">条件</th><th colspan="3">要　求</th><th rowspan="2">备　注</th></tr>
<tr><th>一级</th><th>二级</th><th>三级</th></tr>
<tr><td>1</td><td>固定办公场所面积</td><td>不少于 300m²</td><td>不少于 200m²</td><td>不少于 100m²</td><td>需提供房屋产权证明或 1 年以上的租赁合同</td></tr>
<tr><td>2</td><td>专职管理人员</td><td>不少于 8 人</td><td>不少于 5 人</td><td>不少于 3 人</td><td rowspan="2">需提供人员正式劳务合同(事业单位需提供加盖单位公章的人员在职证明),连续 1 年以上的单位代缴纳的纳税证明和社保缴费证明</td></tr>
<tr><td>3</td><td>自有评审员</td><td>不少于 30 名本专业自有评审员</td><td>不少于 12 名本专业自有评审员</td><td>不少于 6 名本专业自有评审员</td></tr>
<tr><td>4</td><td>高级职称人员</td><td>不少于 10 人</td><td>不少于 3 人</td><td>不少于 2 人</td><td>高级职称是指国家认可的从事管理、技术、生产、检验和评估评价的高级技术人员,但不含高级经济师、高级政工师等非相关职称</td></tr>
<tr><td>5</td><td>工作经验</td><td>1. 至少具备 5 年以上从事交通运输相关业务领域咨询服务工作的经验。
2. 至少具备 1 年以上二级评价机构备案经历。
3. 已评价一定数量本专业二级企业</td><td>1. 至少具备 3 年以上从事交通运输相关业务领域咨询服务工作的经验。
2. 至少具备 1 年以上三级评价机构备案经历。
3. 已评价一定数量本专业三级企业</td><td>至少具备 3 年以上从事交通运输相关业务领域咨询服务工作的经验</td><td>评价机构申请备案一级资质需评价二级企业家数(新增专业类型不需要):
道路运输:200 家;水路运输:80 家;港口营运:50 家;城市客运:100 家;交通工程建设:100 家。
评价机构申请备案二级资质需评价三级企业家数(新增专业类型不需要)由各省主管机关确定</td></tr>
</table>

注:上述条件为单个专业类型登记备案条件,本办法实施前已经取得评价机构证书的评价机构备案不受此条件限制;已经完成其他类型评价机构备案,增加评价机构备案类型的,不要求具有下一级评价机构备案及相关要求。二、三级评价机构备案条件为最低要求,各省级主管机关可根据具体情况参照设定相应备案条件。

附录 B

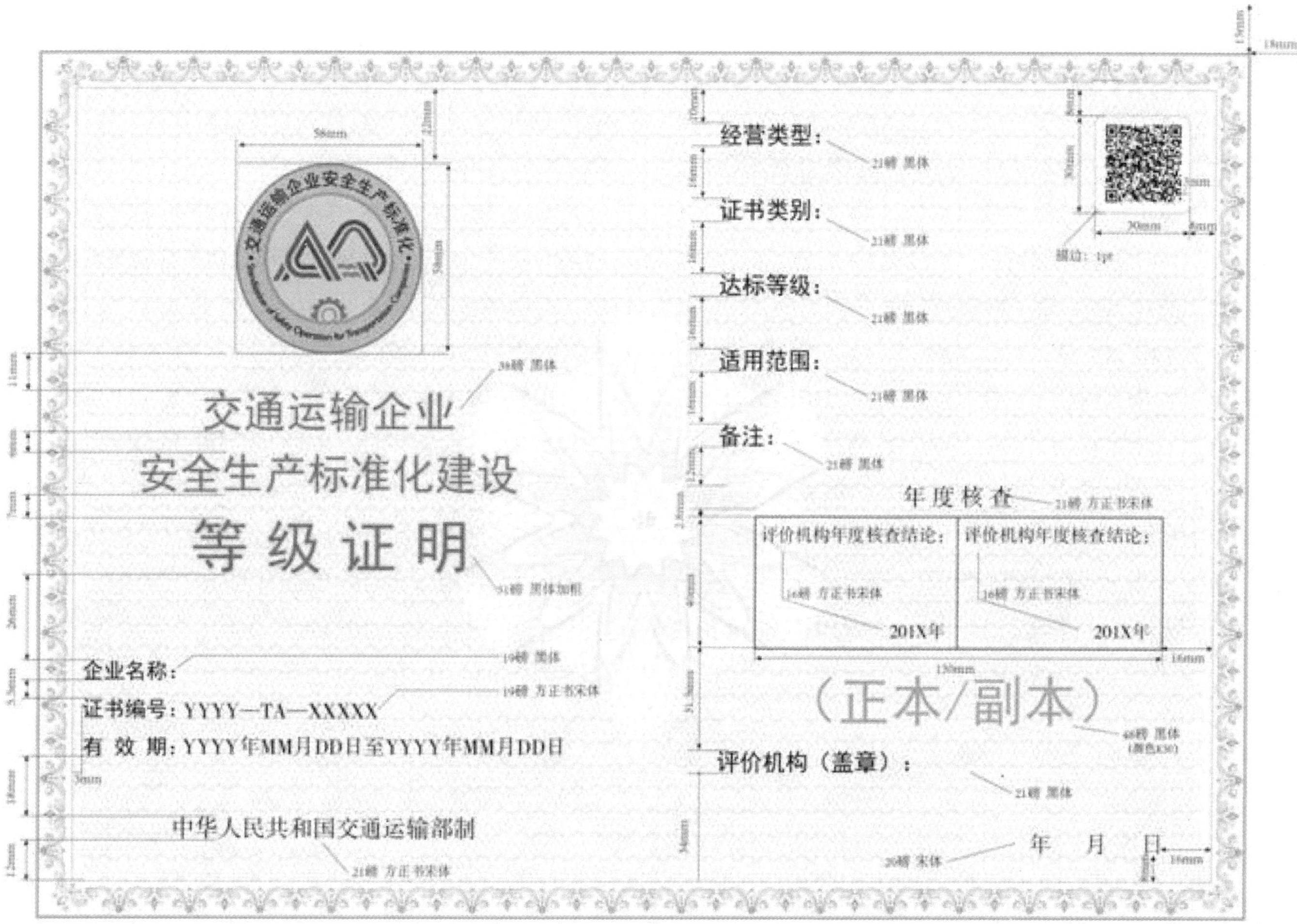
交通运输企业安全生产标准化
经营类型：
证书类别：
达标等级：
适用范围：
备注：
交通运输企业
安全生产标准化建设
等级证明
年度核查
评价机构年度核查结论：
评价机构年度核查结论：
201X年
201X年
企业名称：
证书编号：YYYY—TA—XXXXX
有 效 期：YYYY年MM月DD日至YYYY年MM月DD日
（正本/副本）
评价机构（盖章）：
中华人民共和国交通运输部制
年 月 日
58mm
130mm
16mm

证明格式及编号说明

1. 等级证明纸张大小为420mm×297mm(A3),带底纹。

2. 证明编号格式为 YYYY—TA—XXXXXX。YYYY 表示年份;TA 表示负责颁发等级证明的评价机构监督管理的省级以上管理维护单位(01 表示交通运输部,02 表示北京市,03 表示天津市,04 表示河北省,05 表示山西省,06 表示内蒙古自治区,07 表示辽宁省,08 表示吉林省,09 表示黑龙江省,10 表示上海市,11 表示江苏省,12 表示浙江省,13 表示安徽省,14 表示福建省,15 表示江西省,16 表示山东省,17 表示河南省,18 表示湖北省,19 表示湖南省,20 表示广东省,21 表示海南省,22 表示广西壮族自治区,23 表示重庆市,24 表示四川省,25 表示贵州省,26 表示云南省,27 表示西藏自治区,28 表示陕西省,29 表示甘肃省,30 表示青海省,31 表示宁夏回族自治区,32 表示新疆维吾尔自治区,33 表示新疆生产建设兵团,34 表示长江航务管理局,35 表示珠江航务管理局);XXXXXX 表示序列号。

3. 经营类别分为道路客运运输、道路危险货物运输、道路普通货物运输、道路货物运输站场、汽车租赁、机动车维修、汽车客运站、水路客运运输、水路普通货物运输、水路危险货物运输、港口客运、港口普通货物营运、港口危险货物营运、城市公共汽车客运、城市轨道交通运输、出租汽车营运、交通运输建筑施工企业、交通工程建设项目、收费高速公路、隧道和桥梁运营等类别。

4. 评价等级分一级、二级、三级 3 个级别。

5. 评价机构颁发等级证明印章使用圆形封口章,名称统一为"＊＊＊企业安全生产标准化评价专用章","＊＊＊"为颁发等级证明的评价机构名称,"达标专用章"封口。

6. 证明电子模板可在管理系统下载。

7. 证明正本 1 份,副本 3 份。

附录 C

评审员评价机构信用扣分细则

一、评审员发生下列情形的,信用分值扣 1 分:

(一)管理维护单位对评审员评价能力、评价技巧、抽样或流程符合性提出质疑的;

(二)评审员信息发生变更,未按照规定办理变更手续的;

(三)经核实,评价期间不遵守有关纪律,迟到或提早离场的;

(四)未按评价计划实施现场评价,但不影响评价过程的。

二、评审员发生下列情形的,信用分值扣 2 分:

(一)以个人名义或未经评价机构同意,开展与评价相关活动;

(二)近 3 年内,管理维护单位对评审员评价能力、评价技巧、抽样或流程符合性提出质疑 2 次的评审员;

(三)近 3 年内,评审员参与评价的企业有 20% ~30% 发生一般等级以上安全生产责任事故;

(四)近 3 年内,评审员参与评价的企业发生了 1 起一般安全生产责任事故,且事故调查确定的直接原因在评价时已经存在,但评价中未识别或指出;

(五)未按评价计划实施现场评价,影响评价过程的。

三、评审员发生下列情形的,信用分值扣 5 分:

(一)与申请评价的企业存在利害关系的,未回避的;

(二)近 3 年内管理维护单位对评审员评价能力、评价技巧、抽样或流程符合性提出质疑 3 次及以上的评审员;

(三)非故意泄露企业技术和商业秘密,未造成严重后果的;

(四)近 3 年内,评审员参与评价的企业有 30% ~50% 发生一般等级以上安全生产责任事故;

(五)近 3 年内,评审员参与评价的企业发生了 1 起较大安全生产责任事故,且事故调查确定的直接原因在评价时已经存在,但评价中未识别或指出;

(六)受到主管部门通报批评的。

四、评审员发生下列情形的,信用分值扣 10 分:

(一)评价活动中为第三方或个人谋取利益,但不构成违法的;

(二)未按要求如实反映企业重大安全事故隐患或风险的;

(三)允许他人借用自己的名义从事评价活动的;

(四)近 3 年内,评审员参与评价的企业有 50% 以上发生一般等级以上安全生产责任事故;

（五）近3年内，评审员参与评价的企业发生了1起重大上安全生产责任事故，且事故调查确定的直接原因在评价时已经存在，但评价中未识别或指出。

五、评审员发生下列情形的，信用分值扣20分：

（一）登记备案条件弄虚作假的；

（二）评价活动中，存在重大违法、违规、违纪行为，构成违法的；

（三）评价活动中为第三方或个人谋取利益，情节特别严重的；

（四）评价工作中弄虚作假的，结果影响评价结论的；

（五）近3年内，评审员参与评价的企业发生了1起特别重大安全生产责任事故，且事故调查确定的直接原因在评价时已经存在，但评价中未识别或指出；

（六）故意泄露企业技术和商业秘密，或泄露企业技术和商业秘密造成严重后果的；

（七）被列入省部级以上黑名单的。

六、评价机构发生下列情形的，信用分值扣1分：

（一）逾期30日未提交年度工作报告；

（二）不按规定程序和要求开展评价活动的；

（三）内部档案管理制度不健全或重要考评记录文件缺失的（每缺失1件扣1分）；

（四）未按评价计划实施现场评价，但不影响评价过程的；

（五）允许不具备评价能力人员参与评价活动的；

（六）近3年内，评价机构所评价的企业有20%～30%发生一般等级以上安全生产责任事故。

七、评价机构发生下列情形的，信用分值扣5分：

（一）未按要求如实反映企业重大安全事故隐患或风险的；

（二）未及时向管理维护单位报备评价结果的；

（三）泄露企业技术和商业秘密的，未构成后果的；

（四）评价机构评价结果或年度核查不符合实际情况；

（五）利用评价活动，谋取其他利益的；

（六）近3年内，评价机构所评价的企业有30%－50%发生一般等级以上安全生产责任事故；

（七）近3年内，评价机构所评价的企业发生了1起较大安全生产责任事故，且事故调查确定的直接原因在评价时已经存在，但评价中未识别或指出。

八、评价机构发生下列情形的，信用分值扣10分：

（一）评价工作中隐瞒或应发现而未发现企业重大安全事故隐患或风险；

（二）泄露企业技术和商业秘密的，造成较轻后果的；

（三）分包转包评价工作的；

（四）利用评价活动，强制谋取其他利益的；

（五）评价活动的专业类型不符合本办法要求或超范围评价的；

（六）评价机构或其法定代表人被主管部门通报批评的；

（七）近3年内，评价机构所评价的企业有50%以上发生一般安全生产责任事故；

（八）近3年内，评价机构所评价的企业发生1起重大安全生产责任事故，且事故调查确定的直接原因在评价时已经存在，但评价中未识别或指出。

九、评价机构发生下列情形的，信用分值扣20分：

（一）登记备案条件弄虚作假的；

（二）评价工作中弄虚作假，或应发现而未发现企业重大安全事故隐患或风险，导致隐患未消除或风险未得到有效控制，发生等级以上责任事故的；

（三）采取不正常竞争措施，严重影响市场秩序的；

（四）泄露企业技术和商业秘密的，造成严重后果的；

（五）评价机构相关条件低于首次备案条件，督办整改不合格的；

（六）近3年内，评价机构所评价的企业发生1起特别重大安全生产责任事故，且事故调查确定的直接原因在评价时已经存在，但评价中未识别或指出；

（七）评价机构或其法人被列入省部级以上黑名单的；

（八）按照有关法规、规定，应予以撤销的。

以上信用扣分细则，逐条逐次累计。交通运输部安委会办公室可根据安全生产信用体系建设和企业安全生产标准化建设情况适时调整。